prima.

PRÜFUNGEN 2

C.C.Buchner

prima.palette

Herausgegeben von Clement Utz

prima. Prüfungen 2 wurde erarbeitet von
Josef Burdich und Roswitha Czimmek

Unter Mitarbeit von Maria Faust, Andrea Kammerer
und Wilhelm Pfaffel

Über weiteres fakultatives Begleitmaterial zu **prima** informiert Sie
C.C.Buchner Verlag · Postfach 1269 · D 96003 Bamberg.

Bildnachweis: i.motion, Bamberg: Einbandmotiv | akg-images: 5, 13b, 23, 25, 65 | akg-images /
Erich Lessing: 11, 17, 29, 41, 45, 49, 69 | akg-images / Nimatallah: 19 | akg-images / Sotheby's:
20 | Arti Doria Pamphilj, Rom: 38 | Bildarchiv Preußischer Kulturbesitz, Berlin / Klaus Göken: 37
| cinetext, Frankfurt a.M.: 15 | Dargaud Éditeur S.A., Paris: 51 | Foto Elio Ciol, Pordenone: 39 |
Interfoto: 55 | mauritius images / Hans-Peter Merten: 61 | mauritius images / Photononstop: 47
| picture-alliance / akg-images: 27 | Scala, Antella: 13a, 31 | The Bridgeman Art Library: 9, 33,
42, 53, 57, 75 | Ullstein Bild: 7.

1. Auflage, 7. Druck 2019
Alle Drucke dieser Auflage sind, weil untereinander unverändert, nebeneinander benutzbar.

Lektorat: Bernd Weber
Layout und Satz: i.motion gmbh, Bamberg
Druck und Bindung: Pustet, Regensburg

Einbandmotiv: Das Hermannsdenkmal bei Hiddesen (Nordrhein-Westfalen). Erbaut 1838-1875 zur
Erinnerung an den Cheruskerfürsten Arminius (Hermann), der 9 v.Chr. bei der „Schlacht im Teutoburger Wald" einen historischen Sieg über die römischen Legionen davontrug (vgl. S. 64-66)

www.ccbuchner.de

ISBN 978-3-7661-5015-8

Vorwort

Du hast dich entschieden, deine Lateinkenntnisse mit Hilfe der **prima.palette**-Prüfungsaufgaben zu testen und zu vertiefen – denn beides kannst du damit erreichen.

Dieses Heft enthält insgesamt 45 Prüfungsaufgaben (39 zweigeteilte und 6 reine Übersetzungen), die exakt auf dein Lehrbuch **prima** abgestimmt sind und dir somit gute Übungsmöglichkeiten bieten.

Die Prüfungsaufgaben passen in den meisten Fällen sowohl für die Ausgabe A als auch für die Ausgabe B von **prima**: In der Kopfleiste ist jeweils angegeben, bis zu welcher Lektion der jeweiligen Ausgabe Grammatik und Wortschatz vorausgesetzt werden.

Wenn du für eine Klassenarbeit / Schulaufgabe „trainieren" willst, solltest du dir bei der Bearbeitung der Aufgaben ein Zeitlimit setzen: Für die reinen Übersetzungen solltest du etwa 40 Minuten veranschlagen, für die zweigeteilten Aufgaben etwas mehr; 45 Minuten dürften aber auch hier genug sein.

Damit du deine Leistung überprüfen kannst, enthält das Heft einen Lösungsteil, den du aber selbstverständlich erst nach dem Bearbeiten der Aufgaben zur Kontrolle heranziehen solltest. Der Übersichtlichkeit halber ist hier immer nur eine Lösung bzw. eine Übersetzung angegeben, was aber nicht bedeutet, dass es grundsätzlich nur diese eine Möglichkeit gibt. In Zweifelsfällen solltest du einfach deine Lehrerin oder deinen Lehrer fragen, ob deine Lösung ebenfalls korrekt ist.

Und nun viel Spaß und viel Erfolg beim Lösen der Aufgaben.

Hinweis für Lehrkräfte: Bei den zweigeteilten Prüfungsaufgaben ist der Part der „Zusätzlichen Aufgaben" von den methodischen Traditionen und administrativen Vorgaben verschiedener Bundesländer geprägt. Diese Vielfalt wurde ganz bewusst beibehalten, um einen möglichst umfänglichen Einblick in die unterschiedlichen Gestaltungsmöglichkeiten von Klassenarbeiten beim Unterrichten mit **prima** zu geben.

(A) Übersetzung

Orakel sind zweideutig

Auctores narrant homines saepe[1] voces Pythiae non intellexisse.
Quis ignorat regem Croesum? Qui cum copiis suis Halyn fluvium[2]
3   transiit, ut Pythia dixerat, et – periit. Nam putaverat: „Fluvium transibo,
hostes petam eosque superabo. Tum magnum regnum habebo."

Romani autem narrant Tarquinium fuisse regem crudelem. Qui filios
6   Delphos misit, quia omen[3] eum terruerat. Pythia filiis eius dixit:
„Qui vestrum[4] primus matri osculum dederit[5], urbem Romam reget."

Das Orakel meinte aber die Erde, die gemeinsame Mutter aller Menschen.

(B) Zusätzliche Aufgaben

1. Die Söhne des römischen Königs Tarquinius diskutierten auf der Rückfahrt von
   Delphi nach Rom. Übersetze und frage sorgfältig ab. (8 BE)

   „Ich werde unsere° Mutter aufsuchen. Ich werde ihr als° Erster einen Kuss[6]
   geben." – „Nicht du wirst der Mutter einen Kuss geben; denn ich werde dich
   übertreffen. Ich werde die Stadt Rom regieren."

2. Erkläre die Bedeutung der Komposita aus der Bedeutung des Präfixes und des
   Verbum simplex. (2 BE)

   a) discedere   b) perspicere
   c) componere   d) adire

---

[1] saepe oft – [2] **Halys** (*Akk.* Halyn) **fluvius** der Halys (Grenzfluss in Kleinasien) – [3] **ōmen, ōminis** *n* Vorzeichen – [4] **quī vestrum** wer von euch – [5] **ōsculum dēderit** er wird einen Kuss geben – [6] **ōsculum** Kuss

3. Ergänze die Tabelle (5 BE)

Präsens	Imperfekt	Futur I
defendit		
	veniebant	
	tenebamus	
postulas		
		eritis

4. Richtig oder falsch? Kreuze an. (2 BE)

Wodurch meinten die Menschen den Göttern gefallen und so Unglück abwehren zu können? Durch ...

Opfer	Nächstenliebe	Geschenke
Gelübde	Gebete	guten Lebenswandel

Heinrich Leutemann: Das Orakel zu Delphi. Holzschnitt. Um 1865.

(A) Übersetzung

Muss man sich gruseln?

Marcus:	Timesne monstra?
Publius:	Equidem monstra esse non puto. Num tu putas?
3 Marcus:	Puto, nam et monstris et iis fabulis, quae sunt de monstris, commoveor.
Publius:	Itaque tales fabulae a te laudantur. Sed ea, quae in talibus
6	fabulis narrantur, solum in capite tuo aspicis.
Marcus:	Scio. Tamen monstris terreor. Et Claudia, soror mea, monstris terretur. Nos ambo[1] fabulas, quae sunt de monstris, libenter
9	audimus, quamquam ambo terremur.
Publius:	Vidistine monstrum? Certe non vidisti. Nonnumquam[2] tempore nocturno e somno excitabaris. Neque monstro per-
12	turbabaris. Ego te a monstris liberabo. Vos, tu et tua soror, a me liberabimini.

(B) Zusätzliche Aufgaben

1. Umformung (6 BE)

a) Übersetze den Satz ins Deutsche,
b) forme ihn im Deutschen in einen Passivsatz um und
c) übersetze diesen ins Lateinische.

Parentes filiam multis donis delectant.

a)

b)

c)

---

[1] ambō beide – [2] nōnnumquam manchmal

2. Bilde eine Formenreihe in der angegebenen Person im Aktiv und Passiv für Präsens, Imperfekt und Futur. (12 BE)

   a) perturbare (2. Ps. Pl.)   b) ducere (3. Ps. Pl.)

3. Auf welches lateinische Wort lassen sich die folgenden Fremdwörter jeweils zurückführen? Gib jeweils auch die deutsche Bedeutung an. (4 BE)

   a) *Prozession*   b) *antik*   c) *Motiv*   d) *Abitur*
   e) *Amplitude*   f) *Liberalismus* g) *Inventur*   h) *Monster*

Griechische Schale. Um 600 v.Chr. Rhodos. Auf griechischen Bechern und Schalen finden sich häufig Darstellungen von Ungeheuern – und dies nicht nur zu dekorativen Zwecken; solche Schreckbilder sollten auch eine Abwehr schlechter Einflüsse, vor allem des „bösen Blicks", bewirken.

(A) Übersetzung

Ein dunkler Orakelspruch

Tarquinius Superbus, der letzte etruskische König auf dem römischen Thron, ent-
schloss sich wegen beunruhigender Vorfälle eine Gesandtschaft zum Orakel nach
Delphi zu schicken, um dessen Rat einzuholen. Diese Gesandtschaft bestand aus
den Söhnen des Tarquinius, Titus und Arruns, sowie Brutus, seinem Neffen. Bald
hatten diese die Aufträge des Vaters bzw. Onkels erledigt.

Tum adulescentes etiam sortes suas cognoscere cupiverunt.
Itaque Apollinem deum consuluerunt: „Quis nostrum[1] post mortem
3 patris Romanos reget?"
Vox Pythiae audiebatur: „Aperietur vobis sors, fatum vobis dicetur.
Imperium Romanum ab eo regetur, qui matri primus osculum[2] dabit."
6 Iterum atque iterum verba oraculi ab adulescentibus cogitabantur.
Tum Titus: „Si id faciemus, quod oraculum nobis dixit, unus nostrum[1]
rex Romae erit."
9 Postquam Romam redierunt, filii Tarquini ad matrem contenderunt,
quia ei osculum dare voluerunt.
At Brutus existimavit oraculum aliam matrem dixisse. Itaque statim
12 terrae[3] osculum dedit. Nam censuit terram omnium hominum matrem esse.

Und tatsächlich wurde Tarquinius Superbus kurz darauf aus Rom vertrieben und
Brutus vom römischen Volk zum ersten Konsul gewählt.

(B) Zusätzliche Aufgaben

1. Unterstreiche die Futurformen. (3 BE)

   a) intellegam – audiebam – adibam
   b) tenemus – capiemus – videmus
   c) vincet – dolet – adiecit

---

[1] nostrum *Gen. Pl.* von uns – [2] ōsculum Kuss – [3] terra Erde

2. Setze folgende Formen ins Imperfekt und Futur. (6 BE)

	Imperfekt	Futur
a) terreor		
b) auditur		
c) relinquitur		

3. Richtig oder falsch? (3 BE)

a) Apollo war der Gott des Lichts, der Musik, der Weissagung und der Heilkunde.

b) Apollo wurde mit seiner Zwillingsschwester Diana auf der Insel Delos geboren.

c) Herakles gelang es nicht, in Delphi den Dreifuß der Pythia zu stehlen.

Apollon und Artemis.
Griechisches Salbgefäß. 5. Jh. v. Chr.
University of Oxford, Ashmolean Museum.

Umfang: 81 lat. Wö. + 12 BE

(A) Übersetzung

Iphigenie in Aulis

Nachdem Paris Helena nach Troja entführt hat, versammeln sich die Griechen aus allen Städten und Staaten Griechenlands in der Hafenstadt Aulis, um von dort mit den Schiffen gegen Troja auszulaufen.
Aber Agamemnon (lat. Agamemnō, -onis *m*), der Anführer aller Griechen, hatte zuvor eine Hirschkuh, die der Göttin Diana heilig war, getötet.

Postquam naves Graecorum undique convocatae convenerunt,
Agamemno classem urbem Troiam petere iussit. Sed venti aberant.
3 Itaque navibus a Graecis in litore positis abire non licuit.
Agamemno eo signo deorum motus vatem[1] consuluit. Qui dixit:
„Agamemno, fac sacrum Dianae deae! Neca Iphigeniam, filiam tuam,
6 in ara Dianae! Tum dea tali sacro placata[2] classem abire sinet."

Agamemnon ist trotz der Ungeheuerlichkeit bereit, die Forderung zu erfüllen. Iphigenie selbst willigt auch ein. Im letzten Augenblick jedoch greift die Göttin Diana ein und rettet Iphigenie.

(B) Zusätzliche Aufgaben

1. Setze folgenden Satz ins Passiv. (4 BE)

   Rex legatos celeriter convocatos ad oraculum misit.

2. Bilde das PPP zu folgenden Verben. (4 BE)

a) debere	b) dare	c) instruere	d) deligere
e) excipere	f) mandare	g) augere	h) censere

3. Erkläre anhand der Geschichte von Iphigenie den Begriff „opfern". (2 BE)

---

[1] vātēs, -is *m* Seher – [2] plācāre versöhnen, besänftigen
Umfang: 54 lat. Wö. + 10 BE

Die Opferung der Iphigenie. Römische Wandmalerei aus der Casa del Poeta Tragico in Pompeji.
1. Jh. n.Chr. Neapel, Museo Nazionale Archeologico.

(A) Übersetzung

König Perseus vor Ämilius Paullus

König Perseus von Makedonien hatte seine Möglichkeiten überschätzt, als er glaubte, wie einst Alexander der Große mit der Eroberung Griechenlands den ersten Schritt zur Begründung eines Großreiches zu tun. Denn die Griechen riefen die Römer als Schutzmacht zu Hilfe. In der Entscheidungsschlacht bei Pydna wurde Perseus vom römischen Konsul Ämilius Paullus besiegt.

Perseum non tantum patris maiorumque gloria moverat, sed etiam Alexander Magnus, qui magnum imperium Macedonum[1] fecerat. Nunc autem a copiis Romanis victus castra[2] Aemilii Paulli intravit. Huic nuntiatum est ducem hostium superatum in castra duci. Quia milites undique in castris ad spectaculum convenerunt, illi ad victorem procedere non licuit. Itaque a consule lictores missi sunt; qui iter ad tabernaculum[3] Paulli fecerunt. Et Paullus dexteram[4] illius viri supplicis cepit et regem surgere sivit. Tum Paullus comitibus, qui aderant, dixit: „Videtis exemplum praeclarum. In[5] hostem victum superbe se gerere non oportet. Nam fortuna praesens[6] non manebit."

(B) Zusätzliche Aufgaben

1. Dass Ämilius Paullus dem trügerischen Glück mit Recht nicht trauen konnte, zeigt der Ausschnitt aus seiner Rede wenige Tage nach dem Triumphzug über Perseus. Denn zwei seiner Söhne waren an einer plötzlichen und heftigen Infektionskrankheit gestorben. Übersetze und frage sorgfältig ab. (6 BE)

   Jener Gefangene hat seine° Kinder (noch); ich, der ich den Triumph über jenen gehabt habe, bedaure nun den Tod zweier Söhne.

---

[1] Macedonēs, -um *m Pl.* die Makedonen – [2] castra, -ōrum Lager – [3] tabernāculum Zelt – [4] dextera die rechte Hand – [5] in *m. Akk.* hier: gegenüber – [6] praesēns gegenwärtig

2. Bestimme x. (5 BE)

a) vos	:	hos	=	vobis	:	x
b) quem	:	illum	=	quorum	:	x
c) illo	:	eo	=	illius	:	x
d) illas	:	has	=	illis	:	x
e) quae	:	hae	=	quam	:	x

3. Beantworte folgende Fragen zum Text: (4 BE)

a) Wie behandelt Paullus seinen besiegten Gegner?
b) Was hätte Perseus erwarten müssen?
c) Wie begründet Paullus sein Verhalten?
d) Inwieweit lässt sich im Leben des Perseus superbia nachweisen?

4. Welcher römische Gott ist durch einen Dreizack gekennzeichnet?
Wie heißt die Göttin, die mit Helm, Speer und Schild dargestellt wird? (2 BE)

Umfang: 94 lat. Wö. + 13 BE

(A) Übersetzung

Ein Triumphzug

Senatoribus victoria nuntiata erat et consul victor Romam petivit.
Illi gratias egerunt consuli atque triumphum decreverunt.
3 Nam Romanis mos fuit victoribus triumphum concedi.
Triumphus iam diu a turba exspectatus et forum hominibus completum est.
Tandem agmen longum videtur: „Ecce, hi sunt senatores, illi hostes capti!"
6 Alii clamant: „Ibi praeda belli a militibus portatur. Aspicite hanc
copiam auri!"
Alii homines audiuntur: „Quis est hic vir? Estne rex hostium?"
9 „Videte illam mulierem! Tristis, sed pulchra est."
Tum quadrigae¹ accedunt. In quibus consul cum servo stat.
Homines: „Ille est victor! Io triumphe!" Servus coronam² supra³ caput
12 consulis tenet et monet: „Tu quoque homo es."

(B) Zusätzliche Aufgaben

1. Bilde zu folgenden Formen von is, ea, id die entsprechenden von hic und ille.
   (6 BE)

	hic	ille
a) id		
b) eo		
c) eum		

2. Verwandle folgende Verbformen ins Perfekt und übersetze die neue Form.
   (6 BE)

a) ducuntur   b) delector   c) movetur

---

¹ **quadrīgae** *Pl.* Viergespann, Quadriga – ² **corōna** (Sieges-)Kranz – ³ **suprā** *Präp. mit Akk.* über

3. Die Abbildung unten zeigt dir, womit der Triumphzug endet. Beschreibe diese Abbildung kurz. Welcher Satz im Text wird hier illustriert? (2 BE)

4. Erläutere kurz, warum der Sklave den Sieger ständig ermahnt. (2 BE)

Szenenbild aus dem Spielfilm „Quo vadis?" (USA 1951).

(A) Übersetzung

Wer hat Angst vor Gespenstern?

Gajus Plinius berichtet seinem Freund Sura von einer schauerlichen Gespenster-
geschichte ...

Tune homines fabulis miris commoveri putas, Sura?
Magno timore[1] captus tibi nunc hanc fabulam incredibilem narrabo:
3 Antiquis temporibus Athenis homines nocturno clamore excitabantur.
Postquam custodes[2] in urbe instructi sunt, senex turpis videbatur,
qui vincula gerebat.
6 Hic hominibus perterritis signa dedit et eos celeriter in aedes amplas duxit,
quia aliquid[3] ostendere voluit.
Intus a sacerdote ossa[4] et vincula viri interfecti inventa[5] sunt.
9 Tum illud monstrum libenter in sepulcrum[6] suum rediit.

(B) Zusätzliche Aufgaben

1. Ergänze die fehlenden Zeiten in der vorgegebenen Person. (3 BE)

Präsens	Futur I	Perfekt
excipitur		
dantur		
capior		

2. Übersetze. Wer ist mit huic gemeint, wer mit ille? (3 BE)

Omnes Asterigem et Obeligem scimus. Huic magnae vires sunt, ille propter
virtutem laudatur.

---

[1] **timor** *m* Furcht – [2] **cūstōs, -ōdis** *m* Wächter – [3] **aliquid** etwas – [4] **os, ossis** *n* Knochen – [5] **inventus:** *PPP zu* inve-
nīre – [6] **sepulcrum** Grab

3. Bilde das Adverb und übersetze. (4 BE)

	Adverb	deutsch
praeclarus		
crudelis		
pulcher		
ingens		

4. Nenne die lateinischen Wörter, die in den folgenden Fremdwörtern enthalten sind, und gib ihre deutsche Bedeutung an. (3 BE)

a) *Motor*   b) *Lokal*   c) *Publikum*

5. Warum war es gefährlich, Medusa in die Augen zu blicken?
Wie nützten Soldaten dies aus? (2 BE)

Peter Paul Rubens: Das Haupt der Medusa. 1617. Wien, Kunsthistorisches Museum.

(A) Übersetzung

Apollo und Daphne

Quondam Apollo arma Amoris[1] fratris verbis vehementer laeserat. Qui ira
commotus deum potentem sagitta[2] superavit. Nam Apollo magno amore
3 accensus Daphnem nympham[3] in silvis viventem aspexit. Ubi inter
arbores hanc virginem pulchram vidit, eam habere cupiebat. Sed
Daphne omnes viros spernens[4] deum vestigia virginis petentem fugiebat.
6 Iam deus corpus eius tangebat, cum membra virginis nomen patris
vocantis in arborem mutata[5] sunt. Itaque laurus[6] arbor Apollinis est.

(B) Zusätzliche Aufgaben

1. Setze die richtige Form des PPA ein. (5 BE)

   Echo amore (ardere) Narcissum vocat. Iuvenis puellam (vocare) quaerit.
   Sed nihil (videre) terretur. Itaque Echo a Narcisso (fugere) repellitur.
   Fabula, quae est de puella frustra (amare), dolemus.

2. Suche aus der Liste diejenigen Formen heraus, bei denen es sich um ein PPA
   handelt. (5 BE)

   gerentem – petent – ingenti – vehementium – adeuntes – ventis –
   capientis – volens – delectante – quaerentibus – potentibus –
   confirmans - contenti – tangentem – tacens – monenti

---

[1] Amor, -ōris m Amor (der Liebesgott) – [2] sagitta Pfeil – [3] Daphnē nympha die Nymphe Daphne (Tochter eines Fluss-
gottes) – [4] spernere ablehnen, verachten – [5] mūtāre verwandeln – [6] laurus Lorbeer(baum)

Gianlorenzo Bernini: Apollo und Daphne. 17. Jh. Rom, Galleria Borghese.

3. Fragen zum Text. (5 BE)

a) Welche Wirkung hatten Amors Pfeile?
b) Auf welchen Satz im Text bezieht sich die Marmordarstellung Berninis?
c) Erläutere den letzten Satz des lateinischen Textes.
   Überlege, wer mit Lorbeer geschmückt oder ausgezeichnet wird!
d) Welche Ähnlichkeiten zur Geschichte von Echo und Narcissus fallen dir auf?

(A) Übersetzung

Pyramus und Thisbe

Übersetze die folgende, traurige Liebesgeschichte; sie handelt von Pyramus und seiner Geliebten Thisbe. Beide waren Kinder reicher Eltern aus der Stadt Ninive, diese waren aber miteinander verfeindet:

Ille erat pulcherrimus[1] iuvenum, haec autem omnes virgines forma[2] superabat.
Mox ambo amore vehementi accensi sunt.
3 Parentes autem infesti vetuerunt amantes convenire.

Daher beschlossen die Liebenden zu fliehen; sie wollten sich außerhalb der Stadt an einem Maulbeerbaum treffen. Dort kam Thisbe als Erste an, traf aber auf eine Löwin, die gerade vom blutigen Fraß zurückkam. Thisbe rettete sich in eine Höhle, verlor aber auf der Flucht ihren Schleier; die Löwin spielte damit, beschmierte ihn mit Blut, verzog sich dann jedoch wieder und ließ den blutigen Schleier liegen. Etwas später kam Pyramus, der an dem vereinbarten Treffpunkt seine Geliebte vermutete, aber:

Pyramus ubi ad illam arborem venit, amicam diu quaerens non invenit.
Tum demum vestigia leaenae[3] aspexit.
6 Statim iuvenis miser virginem a bestia interfectam esse credidit.
Dolore ardens ruit in gladium[4], quem secum habebat.
Paulo post Thisbe speluncam[5] tutam reliquit.
9 Ubi corpus amati invenit, desperavit mortemque sibi dedit gladio Pyrami.

(B) Zusätzliche Aufgaben

1. Kreuze die beiden falschen Aussagen an: (2 BE)

Venus dea flens Iovi patri occurrit.
Iuppiter Venerem flentem repellit.
Iuppiter verba Veneris audiens ab ea non flectitur.
Iuppiter precibus Veneris motus Troianis patriam novam dedit.

---

[1] pulcherrimus der Schönste – [2] fōrma Schönheit – [3] leaena Löwin – [4] gladius Schwert – [5] spēlunca Höhle

2. Übersetze auf die vier genannten Arten: (8 BE)

Echo a Narcisso repulsa in silvam se recepit.

a) Partizipkonstruktion
b) Relativsatz
c) Adverbialsatz mit temporaler Subjunktion
d) Zwei Hauptsätze mit kausaler Konjunktion

Andreas Nesselthaler:
Pyramus und Thisbe. 1795. London, Sotheby's.

3. Setze ins Passiv bzw. Aktiv: (10 BE)

a) commovebat
b) conducis
c) sinemus
d) continebunt
e) invenitis
f) instructi sunt
g) victus erat
h) egerant
i) excepi
j) miseras

Umfang: 71 lat. Wö. + 20 BE

Übersetzung

Übersetze folgenden Text ins Deutsche. Nutze verschiedene Möglichkeiten, die vorkommenden Partizipien zu übersetzen. Achte jeweils auf die Sinnrichtung.

Informiere dich zuerst über die vorkommenden Eigennamen:

Minos, Minois: mächtiger Herrscher über die Insel Kreta

Minotaurus: ein Ungeheuer mit Menschenleib und Stierkopf, das auf Kreta lebte. Um es zu besänftigen, wurden ihm Menschen zum Fraß vorgeworfen.

Daedalus: ein sagenhafter Erfinder und Baumeister. Für König Minos musste er ein Labyrinth erbauen, in dessen Mitte der Minotaurus hauste.

Theseus: heldenhafter Sohn des Königs von Athen, der mit Gefährten nach Kreta segelte, um den Minotaurus zu töten.

Ariadna: Tochter des Königs Minos; mit einem Wollknäuel hilft sie Theseus, nach der Tötung des Minotaurus wieder aus dem Labyrinth herauszufinden.

Naxus insula: Naxos, griechische Insel nördlich von Kreta

Bacchus: der Gott des Weines, der mit fröhlichem Gefolge über die Erde zieht, um den Menschen zu zeigen, wie man Wein anbaut.

Ariadne auf Naxos

Theseus, postquam auxilio Ariadnae Minotaurum in labyrintho[1] a Daedalo facto interfecit, iram Minois regis fugiens nave Athenas petivit. Ariadna
3 amore accensa cum iuvene forti fugit. Postea eorum navis ad litus Naxi insulae pervenit. Amantes eorumque comites in litore considebant et quiescebant.
6 Multa nocte Theseus in somno audivit Bacchum deum dicentem: „Ariadna a me amatur. Ego ipse eius maritus ero. Tu fuge hunc locum!" Et iuvenis timore agitatus statim comites e somno excitavit et cum iis insulam reliquit.
9 Ariadna a viro amato comitibusque deserta flens et clamans in litore iacebat: „Perii! Cur iuvenis perfidus[2] me deseruit? Cur Theseo labyrinthum fugienti adfui? Nunc aedes patris reliqui neque domum mihi redire licebit.

---

[1] labyrinthus: *vgl. Fw.* – [2] **perfidus** treulos

12 Deserta in litore iaceo solacium quaerens. Nullum tectum video, nullum auxilium. Sola hac in insula sum bestias feras[1] periculaque ignota metuens. Vae![2]

15 Sed quid in mari video? Complures naves pampinis[3] ornatae accedunt. Homines magno gaudio permoti in navibus sedent clamantes et vinum bibentes. Ecce, Bacchus ipse adest. Nunc surgit. Ipsius oculi me aspexerunt … !"

Tatsächlich waren es Bacchus und sein Gefolge, die auf die Insel zusegelten. Mit einem prunkvollen Hochzeitszug feierten Ariadne und der Gott des Weines ihre Vermählung …

Alessandro Turchi: Bacchus und Ariadne. Um 1630. St. Petersburg, Staatliche Ermitage.

---

[1] **ferus** wild – [2] **vae!** Wehe! O weh! – [3] **pampinus** Weinlaub
Umfang: 162 lat. Wö.

(A) Übersetzung

Orpheus und Eurydike

Eurydike, die Frau des berühmten Sängers Orpheus, der mit seinem Gesang wilde Tiere und sogar das Meer besänftigen konnte, war von einer Schlange gebissen worden und gestorben. Orpheus trauerte sehr um seine Frau und fasste den verzweifelten Entschluss, in die Unterwelt zu Pluto und Proserpina hinabzusteigen, um die Herausgabe seiner Frau von den Göttern zu erflehen:

„Dei, qui sub terra[1] estis, ad vos venio, quod meam uxorem amatam amisi. Si mihi licebit cum mea uxore regnum vestrum relinquere, semper vobis
3 gratias agam et carminibus meis vos laudabo.
Si preces meas non audietis, neque ego ad lucem redibo."
Tum Orpheus voce mira cantans[2] animos Plutonis et Proserpinae movit.
6 Flentes etiam animae[3] mortuorum[4] accedebant. Cui ita oranti Proserpina dixit: „Concedemus uxorem tuam tecum patriam petere. Sed audi!
Si tu ipse ad mortales rediens oculos in Eurydicam convertes, iterum
9 uxorem tuam amittes!"
Tum Orpheus cum Eurydica uxore regnum mortis reliquit, sed amore ardens oculos ad eam convertit – et statim uxorem amatam amisit.

(B) Zusätzliche Aufgaben

Auf der Abbildung siehst du rechts Orpheus, in der Mitte Eurydike und links den Gott Hermes (lat. Mercurius), der die Aufgabe hatte, die Toten in die Unterwelt zu geleiten.

Beschreibe, welche Situation des Mythos auf diesem Relief dargestellt wird. Gehe dabei auch auf die Körperhaltung der drei Personen ein. (8 BE)

---

[1] sub terrā unter der Erde – [2] cantāre singen – [3] anima Seele – [4] mortuus der Tote
Umfang: 103 lat. Wö. + 8 BE

Hermes als Geleiter von Orpheus und Eurydike. Relief aus dem 5. Jh. v. Chr.
Neapel, Museo Nazionale Archeologico.

(A) Übersetzung

Überwindet die Liebe den Tod?

Der Sänger Orpheus (lat. Orpheus, -eī) war so begabt, dass er mit seinem Gesang sogar Steine erweichen konnte. Mit seiner jungen Frau Eurydike (lat. Eurydica) war er nur kurze Zeit verheiratet, als ein Unglück geschah:

Eurydica, quae amore mota Orpheo nupserat, a serpente[1] interfecta est.
Orpheus nimio dolore pressus coniugem recipere cupivit.
3 Quare ipse regnum mortis petivit et Plutonem[2] adiit.
Et profecto Orpheus carmina pulchra canens[3] deo persuasit;
et coniugem amatam recepit.
6 Sed Pluto haec dixit: „Eurydicam tecum ad mortales redire non sinam,
nisi[4] hanc condicionem[5] suscipies:
Te e Tartaro exeuntem veto coniugem tuam spectare."
9 Orpheus autem Eurydicam nimis desiderans ad eam respexit.
Ita coniugem rursus perdidit.

(B) Zusätzliche Aufgaben

1. Ersetze die Formen von timor durch die entsprechenden von metus und die von hic durch die entsprechenden von ipse: (4 BE)

   a) timorem   b) timore
   c) huic   d) his

2. Nenne die Namen der beiden Epen des Dichters Homer und gib ihr jeweiliges Thema an. (4 BE)

---

[1] serpēns, serpentis Schlange – [2] Plūtō, -ōnis Pluto (der Gott der Unterwelt) – [3] canere, canō singen – [4] nisī wenn nicht – [5] condiciō, -ōnis f Bedingung

3. Übersetze den folgenden Satz, indem du das Participium coniunctum, das <u>konzessive</u> Sinnrichtung hat, a) mit Adverbialsatz, b) mit Beiordnung wiedergibst! (4 BE)

Ulixi diu domum non redeunti Penelopa promisit: „Semper uxor tua ero!"

Jules Louis Machard: Orpheus in der Unterwelt. 1863.
Paris, École Nationale Supérieure des Beaux-Arts.

Umfang: 72 lat. Wö. + 12 BE

(A) Übersetzung

Sisyphus überlistet den Tod

Sisyphus hatte durch sein arrogantes Verhalten die Götter zornig gemacht. Deshalb beschloss Jupiter, dass er sterben müsse, und befahl dem Tod (lat. Mors, Mortis *f*), ihn in die Unterwelt zu bringen.

Sisyphus autem Mortem a Iove ipso missam corripuit et vinxit[1].
Deinde clamavit: „Nemo peribit, dum vincta[1] intra domum meam sedebis."
3 Mors autem a Marte deo e vinculis liberata rursus temptavit Sisyphum ad Tartarum[2] ducere.
Dum in Tartarum descendunt[3], Sisyphus orans dixit:
6 „Homines deis dona dare debent, cum propinqui vitam amiserunt.
Certe autem scio coniugem meam dona non dedisse.
Quare concede me coniugem monere!"
9 Mors dolum non intellegens Sisypho domum properare concessit.

(B) Zusätzliche Aufgaben

1. Bilde zu den folgenden Präsensformen jeweils die entsprechende Perfektform und umgekehrt: (4 BE)

   a) moveo   b) colit   c) viderunt   d) interfecisti

2. Übersetze den Satz, indem du das Participium coniunctum, das konzessive Sinnrichtung hat, a) mit Adverbialsatz, b) mit Präpositionalausdruck wiedergibst. (4 BE)

   Penelopa ab Ulixe familiam suam desiderante nullam epistulam accepit.

---

[1] vincīre, vinciō, vinxī, vinctum fesseln – [2] Tartarus der Tartarus, die Unterwelt – [3] dēscendere hinabsteigen

3. Zu welchen Figuren aus der antiken Mythologie passen die folgenden Aussagen? (4 BE)

a) Er versucht den Sonnenwagen seines Vaters zu lenken.
b) Sie kann nur die letzten Worte ihres Gesprächspartners wiedergeben.
c) Sie wird von vielen Verehrern umgeben, die das Geld ihres abwesenden Mannes verbrauchen.
d) Er ist der Gott des Meeres.

Sisyphus. Griechische Vasenmalerei aus Apulien.
Um 330 v. Chr. München, Staatliche Antikensammlung.

(A) Übersetzung

Der Mythos von Phaëthon

Phaëthon war der Sohn des Sonnengottes Sol (lat. Sōl, Sōlis *m*). Doch seine Freunde wollten ihm das nicht so recht glauben, und deshalb forderte der junge Mann von seinem Vater einen Beweis ...

Phaëthon superbus semper contendebat se filium Solis esse.
Sed amici id non credentes eum ridebant et verbis vehementer laedebant.
3 Quare Phaëthon ira accensus in caelum, domum patris, contendit et dixit:
„Ostende amicis meis verba mea neglegentibus te ipsum patrem meum esse!"
Periculum instans non intellegens Sol amore iuvenis motus hoc statim
6 promisit.
Sed Phaëthon plenus fiduciae[1] sui currum igniferum[2] patris cupivit.
Tristis Sol filio iterum atque iterum roganti paruit.
9 Phaëthon autem currum igniferum regens crudeliter periit.

(B) Zusätzliche Aufgaben

1. Ergänze das Partizip Präsens in der richtigen Form und übersetze den ganzen Ausdruck. (3 BE)

	PPA	deutsch
a) Narcissus bestias (capere)		
b) iuveni amicos non (videre)		
c) puerum aquam (tangere)		

2. Was versteht man unter der Bezeichnung „Epos"? Welche beiden großen Epen hat Homer verfasst? (3 BE)

---

[1] fidūcia Vertrauen – [2] currus īgnifer *m* Sonnenwagen

3. Ergänze ipse bzw. idem in der jeweils richtigen Form. (3 BE)

a) a viro (ipse)   b) uxoribus (ipse)
c) (ipse) nocte   d) matris (idem)
e) dominos (idem)   f) magistratibus (idem)

4. Genitivus subiectivus oder obiectivus? Bestimme und übersetze. (3 BE)

	Art des Genitivs	deutsch
a) metus mortis		
b) amor tui		
c) motus terrae		

5. Nenne die lateinischen Wörter, die in den folgenden Fremdwörtern enthalten sind, und gib ihre deutsche Bedeutung an. (3 BE)

a) *konsumieren*
b) *Presse*
c) *Tangente*

Der Sturz des Phaëthon. Relief auf einem römischen Sarkophag. Florenz, Galleria degli Uffizi.

(A) Übersetzung

Sokrates

Sokrates (lat. Sōcratēs, -is *m*) gilt als einer der bedeutendsten Philosophen der Antike. Mit seiner unbequemen Art, andere zu befragen und in die Enge zu treiben, machte er sich Feinde.

Auctores dicunt Socratem in viis Athenarum[1] homines occurrentes de vita eorum interrogavisse. Sed ille vir amicis circumstantibus[2] vehementer

3 perturbabat eos, quibuscum disputabat[3]. Nam qui virtute se multum valere putabant, eos Socrates oratione superabat. His superatis Socrates cum comitibus alios homines petebat. Sententiis illius philosophi cognitis

6 Athenienses[4] Socratem supplicio dabant. Falsis enim testibus[5] eum accusantibus contenderant philosophum iuvenes corrupisse deosque neglegere.

(B) Zusätzliche Aufgaben

1. Erkläre den Unterschied zwischen beiden Sätzen, sowohl inhaltlich als auch grammatikalisch. (4 BE)

   a) Hostibus interficientibus cives timore agitabantur.
   b) Hostibus interfectis cives non iam timore agitabantur.

2. Auf welches lateinische Wort lassen sich die folgenden englischen Wörter jeweils zurückführen? Gib auch die deutsche(n) Bedeutung(en) an. (2 BE)

   a) *to exercise*   b) *to resist*

---

[1] Athēnae, -ārum *f Pl.* Athen – [2] circum-stāre – [3] disputāre diskutieren – [4] Athēniēnsēs *m Pl.* die Athener (die Einwohner von Athen) – [5] tēstis, -is *m* Zeuge

3. Übersetze und frage sorgfältig ab. Gib die Nebensätze als Ablativi absoluti wieder. (8 BE)

Nachdem die Rede des Sokrates gehört worden war, sind die Herzen („Geister") einiger Bürger bewegt worden. Aber seine° Feinde klagten Sokrates an, da viele dessen Philosophie verurteilten.

4. Mit welchen Fragen beschäftigten sich die griechischen Philosophen? Formuliere wenigstens zwei Fragen. (2 BE)

Roger Payne: Socrates – Surrounded by his sorrowing friends,
the condemned man calmly took the cup of poison. Aquarell 1981. Privatsammlung.

Umfang: 60 lat. Wö. + 16 BE

(A) Übersetzung

Neue Erkenntnisse

Auf dem Marktplatz in Athen haben sich viele Zuhörer eingefunden, die einem Philosophen zuhören, der Erstaunliches zu berichten weiß.

„Auctores antiqui ostendunt terram discum[1] esse in mari natantem[2].
Ego autem vobis dico terram globum[3] esse."
3 His verbis auditis homines rident et unus eorum clamat: „Poetae autem
narrant solem[4] a deo per caelum motum multa nocte per fluctus natare
et tum homines luce clara delectare. Itaque solem deum colimus."
6 Philosophus manus ad caelum tollit: „Metus deorum magnus est et
animos hominum premit. Profecto dei hominibus miserias parant."
Qua sententia dicta forum clamore completur. Multis verbis factis nonnulli
9 de verbis philosophi cogitant, nonnulli magistratus et sacerdotes arcessunt.
Philosophus: „Credite mihi: Si finem facietis metus deorum, vita mutabitur."

(B) Zusätzliche Aufgaben

1. Um welchen Genitiv handelt es sich bei: (2 BE)

   a) animos hominum   b) metus deorum

2. Erläutere die Meinung des Philosophen: (6 BE)

   „Metus deorum ... animos hominum premit."

---

[1] discus Scheibe – [2] natāre schwimmen – [3] globus Kugel – [4] sōl, sōlis *m* Sonne
Umfang: 96 lat. Wö. + 8 BE

(A) Übersetzung

Sieben gegen Theben

Scelere suo cognito Oedipus oculos sibi ipse effodit[1] Thebasque reliquit.
Statim Polynices et Eteocles, filii Oedipi, de imperio urbis certabant[2].
3 Eteocles fratre pulso urbem tenebat. Polynices autem septem amicos
potentes in urbe Argis[3] invenit. Qui copiis undique convenientibus
Thebas petebant et ad urbem accedebant. Thebis ab Eteocle munitis[4]
6 exercitus fratrum bellum coeperunt. Eteocle urbem defendente Polynices
muros superare studebat. Multis militibus interfectis fratres ipsi ante
portas Thebarum proelium commiserunt. Ambobus fratribus autem in
9 proelio occisis copiae septem amicorum locum proelii reliquerunt et in
patriam redierunt.

(B) Zusätzliche Aufgaben

1. Übersetze und frage sorgfältig ab. (8 BE)

   Nachdem die Brüder getötet worden waren *(Abl. abs.)*, hatte Kreon die Herrschaft in der Stadt (in Besitz). Obwohl es° Kreon verbat *(Abl. abs.)*, hat Antigone
   dennoch den Körper des Bruders bestattet. Denn sie glaubte, dass es ehrenhaft
   sei, den Göttern zu gehorchen.

2. Erläutere inhaltlich folgende Formulierungen im Text. (2 BE)

   a) scelere suo cognito   b) fratribus in proelio occisis

3. Übersetze folgende Wendungen (4 BE)

   Hannibale duce, Caesare auctore, imperatore invito, Cicerone consule

---

[1] effodere (*Perf.* effōdī) ausstechen – [2] certāre streiten – [3] Argī, -ōrum *m Pl.* Argos (Stadt in Griechenland) –
[4] mūnīre befestigen

Umfang: 85 lat. Wö. + 14 BE

(A) Übersetzung

Medea

Der griechische Held Jason (lat. Iāsōn, -ōnis *m*) sollte auf Befehl seines tyrannischen Onkels die unerfüllbare Aufgabe vollbringen, das kostbare goldene Fell eines sagenhaften Widders, goldenes Vlies genannt, aus dem fernen Land der Kolcher (am Ostufer des Schwarzen Meeres) zu holen. Mit seinen Gefährten machte sich Jason zu Aietes, dem König der Kolcher, auf:

Quondam Iason cum comitibus magno itinere confecto ad Colchos[1]
pervenit, quos Aietes regebat. A quo pellem auream[2] capere voluit
3 ingentibus periculis instantibus. Sed Medea, filia regis, duce omnia
pericula suscepit. Monstrum, quod pellem auream custodiebat[3], interfecit.
Pelle autem rapta[4] cum Medea terram infestam fugit. Postea in urbe
6 Corintho accepti sunt. Quia Iason – filiam regis Corinthi amans –
uxorem suam neglexit, Medea furore capta duos liberos, quos a
Iasone habebat, necavit ipsaque maritum perturbatum deseruit.

(B) Zusätzliche Aufgaben

1. Übersetze und frage sorgfältig ab. (10 BE)

   a) Was wollte Jason bei den Kolchern rauben?
   b) Wer half ihm, obwohl viele Gefahren bevorstanden *(Abl. abs.)*?
   c) Wo wurde Jason später mit Medea aufgenommen?
   d) Medea: „Liebt mich Jason? Ich habe doch nicht etwa schon seine (= dessen) Liebe verloren?

---

[1] Colchī, -ōrum *m Pl.* die Kolcher, die Bewohner von Kolchis – [2] **pellis aurea** das goldene Vlies – [3] **cūstōdīre** bewachen – [4] **rapta**: *PPP von* rapere

2. Bilde eine Formenkette zu res. (4 BE)

   Nom. Sg. → Akk. → Pl. → Gen. → Sg. → Abl. → Pl. → Dat. → Sg.

3. Stelle die beiden Frauengestalten Medea und Phaedra einander gegenüber: furore capta. Wohin treibt sie jeweils der Wahnsinn? (3 BE)

Christian Daniel Rauch: Jason und Medea. Marmorrelief. 1810-20.
Berlin, Staatliche Museen, Nationalgalerie.

Umfang: 73 lat. Wö. + 17 BE

(A) Übersetzung

Ein Abenteuer des Odysseus

Nach der Eroberung Trojas machte sich auch Odysseus (lat. Ulixēs, Ulixis) mit seinen Gefährten auf, die Heimreise nach Ithaka anzutreten. Während seiner zehn Jahre dauernden Irrfahrten musste er zahlreiche Abenteuer bestehen. Dabei gelangte er auch zur Insel der Kyklopen (lat. Cyclops, -opis der Kyklop). Die Kyklopen waren Riesen und hatten mitten auf der Stirn ein einziges Auge. Einer von ihnen war Polyphem (lat. Pōlyphemus).

Polyphemo oves[1] in campis curante Ulixes cum sociis speluncam[2] eius intravit. Spelunca spectata comites rogaverunt: „Qui homo hic vivit?
3 Cur omnes res tantae sunt?"
Paulo post Polyphemus cum ovibus in speluncam rediit et aditum magno saxo[3] clausit. Graecis animadversis Cyclops ingens statim duos comites
6 Ulixis corripuit et devoravit[4].
Itaque Ulixes cogitavit: „Quo modo fugiemus? Mihine socii fidem praestabunt?"
9 Multo vino a sociis accepto Polyphemus somno se dedit. Tum Graeci telo[5] oculum Cyclopis effoderunt[6].
Oculo perdito Polyphemus tamen speluncam aperuit ovesque ad campos
12 misit. Cyclops spem non dimiserat Graecos a fuga prohibere.
Graeci autem ab Ulixe ad oves
15 alligati erant[7]. Quare Polyphemus caecus[8] non animadvertit Graecos e spelunca fugere.

Die List des Odysseus.
Marmorskulptur. 3. Jh. n.Chr.
Rom, Galleria Doria Pamphilj.

---

[1] ovis, ovis f Schaf – [2] spēlunca Höhle – [3] saxum Fels – [4] dēvorāre fressen – [5] tēlum Speer – [6] effodere, effodiō, effōdī ausstechen – [7] alligāre anbinden, festbinden *(s. Abb.)* – [8] caecus blind

(B) Zusätzliche Aufgaben

1. Gib an, auf welche Sätze des Textes die Abbildung unten Bezug nimmt. Zitiere dabei lateinisch. (4 BE)

2. Bilde die entsprechenden Formen: (6 BE)

                              metus   res

    a) labori

    b) cenas

    c) salutum

Rekonstruktion der Polyphemgruppe von Sperlonga. 2. Jh. v. Chr.
Bochum, Kunstsammlungen der Ruhr-Universität.

Umfang: 108 lat. Wö. + 10 BE

(A) Übersetzung

Äneas

Troia a Graecis capta Aeneas cum sociis patriam novam petere studebat.
Sed rebus adversis instantibus longius per maria iactatus est[1]. Iunone
3 auctore naves Troianorum post mortem Anchisae patris ad litus Africae
pulsae sunt. Ibi a Didone, pulcherrima regina[2] urbis Carthaginis, accepti
sunt. Et Aeneas de fato suo narrans animum reginae commovit. Quae
6 cognovit illum esse fortiorem aliis viris. Amore incensa ei nubere voluit.
Sed Aeneas dolore acerrimo commotus libentius imperiis Iovis parebat
et Didonem crudelissime deseruit. Postea naves Troianorum ad litus
9 Italiae venerunt. Saevissimis proeliis commissis Aeneas genti suae
patriam novam dedit.

(B) Zusätzliche Aufgaben

1. Übersetze und frage sorgfältig ab. (12 BE)

Oft wird Äneas als sehr pflichtbewusst bezeichnet. Vergilius sagt, dass[3] er tapferer gewesen sei als Achill[4]. Aber manche nennen ihn auch schlecht. Sie bekräftigen, dass[3] niemand grausamer gewesen sei als der Anführer der Trojaner.

2. Kreuze an, wenn die Aussage richtig ist. (3 BE)

Troja ist durch die List mit dem hölzernen Pferd erobert worden.
Achilles war mit seinen Gefährten darin versteckt.
Der Erfinder des hölzernen Pferdes war Ulixes.
Das hölzerne Pferd kann man in Resten im Nationalmuseum Athen betrachten.
Äneas' Gattin Kreusa kam bei der Flucht aus Troja um.
Äneas baute später in Italien die Stadt Rom.

---

[1] iactāre hin und her schleudern – [2] rēgīna Königin – [3] Bilde einen AcI – [4] Achill **Achillēs, -is** *m*

3. Ersetze durch einen Ablativ des Vergleichs. (2 BE)

Graeci fortiores erant quam Troiani. Achilles saevius pugnabat quam milites Troianorum.

4. Übernimm die Tabelle in dein Heft, bestimme die Formen und ergänze entsprechend dem Beispiel. (7 BE)

	Positiv	Komparativ	Superlativ
Abl. Sg. *m*	acri	acriore	acerrimo
		graviorem	
Adverb			longissime
	potentis		
	vehementer		
			carissimos

Andrea Schiavone: Äneas erhält den Befehl, Dido zu verlassen.
Um 1555. Wien, Kunsthistorisches Museum.

(A) Übersetzung

Ein Gespräch zwischen Händlern

Lucius trifft seinen griechischen Handelspartner Eutyches im Hafen von Ostia:

	Lucius:	Quando huc pervenisti?
	Eutyches:	Iam complures dies navis mea in portu est. Vinum Graecum
3		mecum habeo. Hoc anno vinum meum etiam melius est quam
		superiore anno. Tamen hoc vinum optimum tibi minore
		pretio vendam, quia amicus es.
6	Lucius:	Libentius haec audio. Nam tu bonum pretium faciens usui
		mihi eris. Simul tua salus mihi curae est. Omnia, quae optas,
		tibi vendam.
9	Eutyches:	Optime! Sed quid emere potero[1]?
	Lucius:	Servos! Navis tua servis optimis
		completa gravior portum
12		relinquet quam portum petivit.
		Sed servi magno constant.
	Eutyches:	Tamen servos tuos emam.
15		Nam tu mihi nihil umquam[2]
		maiore pretio vendidisti quam
		alii mercatores.
18	Lucius:	Quod mihi honori erit.

Statue der Artemis von Ephesos. 2. Jh. n.Chr.
Selçuk, Archäologisches Museum.

---

[1] poterō ich werde können – [2] umquam jemals

(B) Zusätzliche Aufgaben

1. Übertrage die Tabelle in dein Heft und ergänze. (10 BE)

magnus

plurimos

minoris

saepe

meliore

2. Finde die richtige Bedeutung für consulere. (4 BE)

a) Hostibus in socios vindicantibus senatores inter se de bello consulebant.
b) Primo consul amicos, qui aderant, consuluit.
c) Plurimi in hostes consulere volebant.
d) Nam Romani semper sociis bene consuluerant.

3. Setze als Dativ des Zwecks ein. (4 BE)

usui – saluti - gaudio – auxilio

a) Donum mihi ? est.   b) Servi domino ? sunt.
c) Equites exercitui ? erant.   d) Fuga piratis ? erat.

4. Nenne drei Aspekte, durch die sich die Stadt Ephesus im 2. Jh. n.Chr. aus-
   zeichnete. (3 BE)

(A) Übersetzung

Die Zukunft Roms

Vergil erzählt im ersten Buch der „Äneis", dass Äneas nun schon längere Zeit dem Zorn Junos ausgeliefert ist und schreckliche Dinge erleiden muss. Deshalb bittet Äneas' Mutter Venus ihren Vater Jupiter, Äneas zu retten. Der Vater aller Götter sagt ihr daraufhin die Zukunft ihres Sohnes voraus.

„Noli timere, filia! Fata filii tui et gentis tuae clara sunt! Videbis moenia urbis, quae a filio tuo condetur. Aeneas, filius pius, ad caelum tolletur.
3 Audi nunc! Bellum ingentius filius tuus in Italia geret populosque saeviores vincet. Et Aeneas moribus et moenibus civitati novae consulet.
Tum Ascanio gens Troiana curae erit; maxima vi multa oppida muniet.
6 Quod regnum finibus multis auctum diu patria Troianorum appellabitur, donec[1] Rhea Silvia filios Martis pariet[2], Remum Romulumque.
Romulus urbem Romam condet, quae pulchrior aliis urbibus erit et omnes
9 potentia superabit. Roma caput orbis terrarum[3] se praebebit et filio tuo, auctori fortissimae gentis, maximo honori erit."

(B) Zusätzliche Aufgaben

1. Ergänze die fehlenden Steigerungsformen. (6 BE)

vehementer

fortioris

infestissimis

2. Die Prophezeiung Jupiters geht noch weiter, indem er wichtige Stationen in der Entwicklung des Imperium Romanum zum Weltreich zeigt. Nenne drei wichtige historische Ereignisse in der Geschichte Roms, die er Venus berichten wird. (3 BE)

---

[1] **dōnec** bis – [2] **parere, pariō** zur Welt bringen, gebären – [3] **orbis terrārum** Erdkreis
Umfang: 101 lat. Wö. + 9 BE

Übersetzung

Olympia ohne Frauen?

In Graecia mulieribus non licebat ludos Olympios[1] visere;
mulierum enim erat domum curare.
3 Sed constat quondam haec evenisse:
Matri cuidam curae erat filium in stadio[2] currentem et vincentem videre;
quare amore filii hoc periculum subiit:
6 Custodibus aditum observantibus illa tamen stadium intravit.
Quia vestem virilem[3] ferebat, omnes eam virum putabant.
Iuvenibus corpora exercentibus mulier ludos diu spectabat.
9 Comitibus a filio victis illa magno gaudio permota statim sedem suam
reliquit, ad filium victorem cucurrit – vestem virilem amisit.
Nunc mulier a viris cognita est; denique custode quodam auctore ablata est.

Die Richter aber, denen die Frau vorgeführt wurde, zeigten sich gnädig, weil sie
aus Liebe gehandelt hatte.

Wettlauf. Griechische Vasenmalerei. 6. Jh. v.Chr. Compiègne, Musée Vivenel.

---

[1] **lūdī Olympiī** die Olympischen Spiele – [2] **stadium** Stadion – [3] **vestis virīlis** Männerkleidung
Umfang: 88 lat. Wö.

(A) Übersetzung

In Ephesos

Einige Freunde spazieren durch die Straßen von Ephesos und betrachten die schon zur damaligen Zeit berühmten Bauwerke.

Aedificia ingenti magnitudine erant et amici e variis partibus imperii venientes ea visere cupiebant. Tum amici monumentum Celsi petiverunt.
3 Vedius, unus amicorum: „Quo aedificio memoria Iuli Celsi, civis clari, servatur."
Alius amicus: „Ubi autem est illud templum Dianae praeclarum, quod
6 unum septem[1] miraculorum[2] putatur?" Paulo post Vedius amicos ad templum duxit.
Vedius: „Aedis, quam hic videtis, in fundamentis[3] templi pristini posita est.
9 Ante multos annos enim cives urbis magnos dolores tulerunt.
Nam multa nocte homo quidam templum intravit et oleum[4] facesque[5] contulit. Custodibus templi somno deditis huic impio licuit velum[6]
12 intus incendere. Velum et aliae res flammas aluerunt;
postremo templum totum perditum est.

(B) Zusätzliche Aufgaben

1. Der Dianatempel von Ephesos gehörte zu den sieben Weltwundern.
   Zähle drei weitere auf. (3 BE)

2. Bilde zu den Formen von portare die entsprechenden von ferre. Du brauchst
   die Formen nicht zu übersetzen. (6 BE)

a) portabat	b) portas
c) portavimus	d) portabitur
e) porta!	f) portatum est

---

[1] septem *indekl.* sieben – [2] mīrāculum (Welt-)Wunder – [3] fundāmentum: *vgl. Fw.*– [4] oleum Öl – [5] fax, facis f Fackel – [6] vēlum Vorhang
Umfang: 103 lat. Wö. + 9 BE

Blick auf die Fassade der Celsus-Bibliothek in Ephesos. 2. Jh. n.Chr.

(A) Übersetzung

Die unzufriedene Xanthippe

Xanthippe war die Ehefrau des Sokrates. Angeblich war sie sehr zanksüchtig. Als zänkische Frau ist sie sprichwörtlich in die Geschichte eingegangen.

„Tandem ades, Socrates. Ubi fuisti? Si servam misissem, te certe in foro invenisset. Semper ibi adulescentibus coactis alios homines verbis premis.
3 Si domi[1] plures[2] labores subires, nobis plus pecuniae esset. Servi nobis adessent et aedibus amplioribus delectaremur. Tu autem officia neglegis, immo in ore omnium es, quia cives, quos laedis, ad senatum accedunt
6 te accusantes. Nisi[3] amici te defendissent, ego iam dudum[4] deserta essem te damnato. Socrates, quo abis? Nonne tu audivisti, quod dixi? Consiste! Mane domi! ...“

(B) Zusätzliche Aufgaben

1. Schreibe aus Xanthippes Rede alle Formen heraus die (a) Irrealis der Gegenwart bzw. (b) Irrealis der Vergangenheit sind. (4 BE)

2. a) Was hat Xanthippe an Sokrates auszusetzen? (2 BE)
   b) Was könnte Sokrates dagegen einzuwenden haben? (2 BE)

3. Welche lateinischen Wörter verstecken sich hinter folgenden Fremdwörtern? (4 BE)

   a) *Pedal*   b) *Rarität*
   c) *Kantate*   d) *Single*
   e) *Moll*   f) *Ablativ*
   g) *Aversion*   h) *Memoiren*

---

[1] domī zu Hause – [2] plūs, plūris mehr – [3] nisī wenn nicht – [4] iam dūdum schon längst

4. Bilde die entsprechenden Formen. (5 BE)

	Konj. Impf.	Konj. Plusqpf.
a) vocas		
b) audimus		
c) vult		
d) monent		
e) agitur		
f) capitis		
g) sumus		
h) eunt		
i) fero		
j) nolitis		

Luca Giordano: Xanthippe schüttet Sokrates Wasser in den Kragen.
Um 1660. Marano di Castenaso, Collezione Molinari Pradelli.

Umfang: 77 lat. Wö. + 17 BE

(A) Übersetzung

Miraculix stellt sich vor

Im französischen Original und in der lateinischen Ausgabe der Abenteuer von Asterix und Obelix trägt Miraculix den Namen *Panoramix*.

„Panoramix vocor. Druida[1] sum in ea regione Galliae, quae a Caesare capta non est, ut quidam confirmant. Druidibus magna cum dignitate
3 viventibus et res sacrae et iudicia curae sunt. Quorum iudicia multum valent:
Virum druidum iudicio non parentem omnes fugiunt. Immo si quis tali
6 homini adesset, etiam ipse damnaretur. Equidem in summo honore apud homines omnium ordinum gentis nostrae sum. Nam ego solus periculo instante potum magicum[2] parare possum."

(B) Zusätzliche Aufgaben

1. System durchschaut – Form erkannt. Bestimme und bilde die entsprechende Form des eingeklammerten Verbs. (8 BE)

    Beispiel: adsunt (posse) → 3. Ps. Sg. Ind. Präs. → possunt
    a) potui (deesse) →   →
    b) fueras (abesse) →   →
    c) praefuisse (posse) →   →
    d) abes (adesse) →   →
    e) poterit (praeesse) →   →
    f) fuimus (posse) →   →
    g) possent (esse) →   →
    h) adsunt (interesse) →   →

---

[1] druida, -ae *m* der Druide (Priester der Kelten), *Pl.*: druidēs, –um – [2] pōtus magicus Zaubertrank

2. Übersetze. Achte dabei besonders auf das Prädikativum. (4 BE)

   a) Hannibal imperator multa proelia cum Romanis commisit.
   b) Nam puer promiserat: Numquam amicus Romanorum ero.
   c) Idem semper victor in Italia pugnabat.
   d) Sed senex ad Zamam a Scipione victus est.

3. Posse steckt dahinter. Was bedeuten die folgenden Fremdwörter heute? (6 BE)

   a) *Potenzial*   b) *Potentat*
   c) *potenzieren*   d) *Potenz*
   e) *impotent*   f) *potenziell*

4. Benenne Aufgaben, die die Druiden hatten. Ordne sie nach gesellschaftlichen
   und religiösen Aspekten. (2 BE)

(A) Übersetzung

Gallien vor der Eroberung durch Caesar

Cäsar hat uns in seinem Werk *De bello Gallico* einen interessanten Bericht über das Gallien um 58 v.Chr. und seine Bewohner hinterlassen:

Nisi[1] Caesar imperator in Galliam venisset, multa de moribus incolarum[2] ignoraremus.
3 Hic vir ingenio egregio praeerat magno exercitui et intra nonnullos annos maximam partem huius terrae cepit.
Ita cognovimus duo genera nobilium fuisse, quibus homines de plebe
6 adesse et parere deberent[3]: equites et druides.
Equitum armatorum erat patriam ab hostibus defendere.
Druidibus autem vitam piam agentibus plebs in omnibus rebus aliis parebat.
9 Si quis iudicio eorum resistebat, druides eum damnare poterant.

(B) Zusätzliche Aufgaben

1. Übersetze die angegebene Form und setze sie dann in den Konjunktiv Plusquamperfekt. (3 BE)

	deutsch	Konj. Plusqpf.
imponeretur		
nollem		
ferres		

2. Unter welchem römischen Kaiser war die Blütezeit der Stadt Ephesus? Inwiefern war die Lage der Stadt für ihren Wohlstand von Bedeutung? Warum kamen auch viele fromme Menschen in diese Stadt? (3 BE)

---

[1] nisī wenn nicht – [2] incola *m* Einwohner – [3] dēbērent: *übersetze mit Indikativ Imperfekt!*

3. Übersetze folgende Ausdrücke und benenne den Kasus der jeweils unterstrichenen Wörter. (4 BE)

a) Ubi <u>terrarum</u> fuisti?   b) Ludi liberis <u>gaudio</u> sunt.

4. Ergänze die Wörter im richtigen Kasus. (3 BE)

a) Caesar hostes ? (fines) prohibet.
b) Romani Caesarem ? (imperator) fecerunt.
c) Caesar bene ? (provincia) consuluit.

5. Nenne die lateinischen Wörter, die in den folgenden Fremdwörtern enthalten sind, und gib ihre deutsche Bedeutung an. (3 BE)

a) *Korruption*   b) *resistent*   c) *Furie*

Gallische Trachten. Holzschnitt von Albert Kretschmer. 1864. Privatsammlung.

(A) Übersetzung

Dumnorix

Im ersten Kriegsjahr in Gallien hatte es Cäsar mit den Helvetiern (lat. Helvētiī) zu tun. Deren Nachbarn, die Häduer (lat. Haeduī), waren teilweise Cäsar zugeneigt, wie z.B. Divitiacus. Andere hingegen, wie Dumnorix (*Gen.* Dumnorīgis), der Bruder des Divitiacus, sahen durch Cäsars Ankunft in Gallien ihre eigenen Pläne durchkreuzt.

In civitate Haeduorum Dumnorix multum valebat. Adventu Caesaris perturbatus auxilium ab Helvetiis petivit, ut Romanos e Gallia pelleret.
3 Tanta erat auctoritas eius inter Haeduos gentesque finitimas[1], ut magnas copias sibi adiungeret. Audacia agitatus res suas ita auxerat, ut aliis ducibus corruptis multum posset. His rebus cognitis Caesar ad Haeduos
6 venit, ut in Dumnorigem rebus novis studentem vindicaret.
Sed Divitiacus, frater Dumnorigis, interveniens[2] dixit: „Caesar, te oro, ut fratri parcas. Quamquam eum Romanis adversum esse scis, tamen
9 tu respice fidem meam. Opto, ne frater supplicio detur.“

(B) Zusätzliche Aufgaben

1. Finde aus dem Text jeweils ein Beispiel für einen Begehr-, einen Final- und einen Konsekutivsatz. (3 BE)

2. Bilde eine lateinische Formenreihe für vocare zu den angegebenen Formen. (4 BE)

   1. Ps. Sg. Ind. Präs. Akt. → Konj. → Impf. → Pl. → Ind. → Fut. I → 2. Pers. → Pass. → Sg. → Perf. → Akt. → 3. Pers. → Pl. → Plusqpf. → Konj. → 1. Ps.

---

[1] fīnitimus benachbart – [2] inter-venīre: *vgl. Fw.*

3. Bestimme die Sinnrichtung von cum. (4 BE)

a) Dumnorix Romanos timebat, cum Divitiacus amicus Caesaris esset.
b) Divitiacus Caesarem petivit, cum is fratrem capere vellet.
c) Divitiacus, cum fratrem amaret, supplex ad Caesarem accessit.
d) Caesar, cum Dumnorigis mentem infestam cognovisset,
   tamen preces Divitiaci respexit.

4. Welche Bedeutung hat contendere? (4 BE)

a) Galli cum Romanis contenderunt.
b) Divitiacus Caesari fidem praestare contendit.
c) Exercitus Romanus e castris contendit.
d) Milites imperatori parere contendebant.

Gallische Ratsversammlung. Kupferstich nach einem Gemälde von Edouard Ravel. 19. Jh.

(A) Übersetzung

Kaiser Claudius im Senat

Als einige Senatoren darüber klagen, dass dem Senat Mitglieder fehlten und man sogar Gallier aufnehmen müsse, erläutert Kaiser Claudius (41–54 n.Chr.), warum das Imperium Romanum seine Herrschaft so weit ausdehnen konnte.

Cum nobiles viri Galliae honores et magistratus sibi peterent,
senatores variis vocibus de ea re agebant.
3 Quidam existimabant Gallos tam corruptos esse, ut pauci honore senatoris
digni[1] essent. Adiciebant malum esse alias Italiae gentes senatum iam
auxisse.
6 His atque aliis verbis princeps non permotus surrexit et dixit:
„Memoria tenete maiores meos origine Sabina[2] in civitatem Romanam
acceptos esse. Qui me monent, ut totum imperium regam et omnibus
9 hominibus consulam. Non ignoro viros praeclaros
e multis imperii civitatibus in senatum acceptos
esse. Nobis adesse volunt, ut auctoritas senatus
12 augeatur. Scitis imperium nostrum auctum esse,
ut plurimos populos in civitatem nostram
reciperemus. Nisi maiores nostri ea
15 decrevissent, posteris exemplo non essent.“

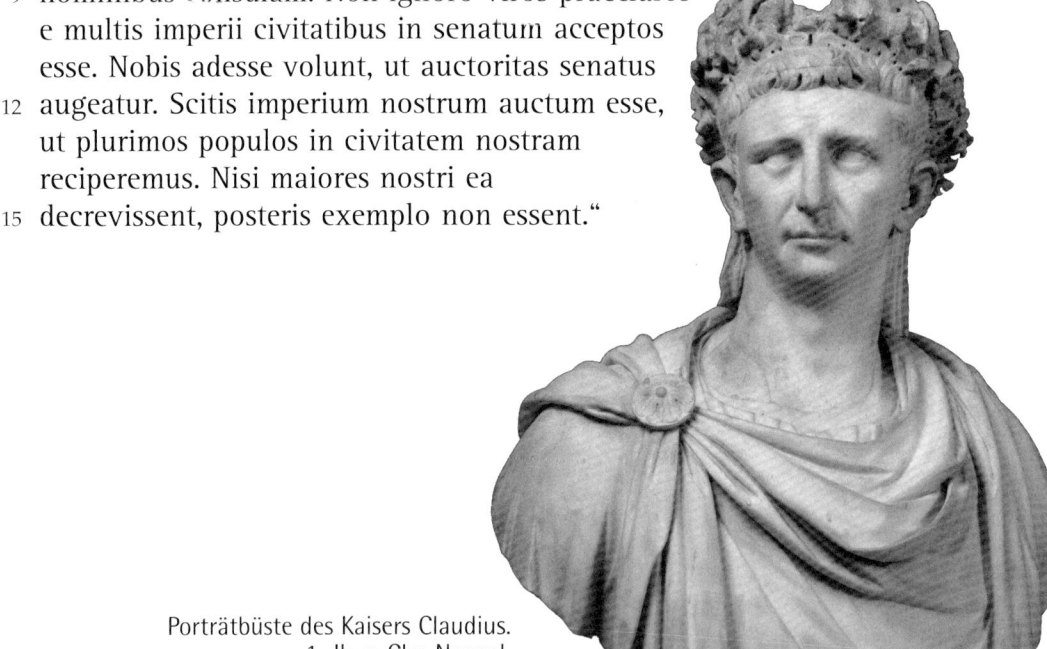

Porträtbüste des Kaisers Claudius.
1. Jh. n.Chr. Neapel,
Museo Nazionale Archeologico.

---

[1] dīgnus m. Abl. wert, würdig (einer Sache) – [2] orīgō Sabīna, orīginis Sabīnae sabinischer Ursprung (aus dem Volk der Sabiner stammend)

(B) Zusätzliche Aufgaben

1. Ergänze die fehlenden Formen: (12 BE)

Ind. Präs.	Konj. Präs.	Konj. Impf.	Konj. Plusqpf.
venio			
	pares		
		ferremus	
			didicisset

2. Bilde folgende Formen: (7 BE)

possum   →_____   →_____   →

              Konjunktiv   Imperfekt

_____ →_____   →_____   →

Plural   Plusquamperfekt   2. Person

_____ →_____

Indikativ   Übersetzung

3. Erkläre, wie der Kaiser die Integration fremder Völker in das imperium Romanum beurteilt. (3 BE)

(A) Übersetzung

Ein Lob der Romanisierung?

Hatto und Poppo, zwei Männer vom gallischen Stamm der Treverer, kommen über die römische Stadt Trier ins Gespräch:

Hatto: Quaero e te, num quis hanc egregiam civitatem reprehendere possit.

Poppo: Vocem tuam confirmo. Sed nescio, civesne res gestas imperatorum
3   laudent an reprehendant.

Hatto: Dubitasne, num homines hic viventes contenti sint? Nonne scis, quo modo prius vixerint? Specta muros altos civitatis et aedes amplas et
6   vias pulchras! Quam praeclaram speciem theatra et amphitheatrum[1] et thermae praebent!

Poppo: Non nego. Immo ingentes portae civitatis docent, quanta sit et
9   potentia et cura imperatoris. Nam pace facta omnes cum otio vivunt. Sed quidam interrogant, liberi sint an servi Romanorum.

Hatto: Qui non iam memoria tenent, quanta pericula timuerint eorum
12   maiores in vicis parvis vitam tristem agentes. Nos hodie tuti sumus.

(B) Zusätzliche Aufgaben

1. Suche aus dem Text je ein Beispiel für eine indirekte Wortfrage, einc indirekte Satzfrage und eine indirekte Wahlfrage. (3 BE)

2. a) Welche Aussagen des Textes sind pro-römisch, welche richten sich gegen die Römer? Kennzeichne den Text durch blaue bzw. grüne Unterstreichung. (6 BE)
   b) Wie stehen Hatto und Poppo jeweils zur Romanisierung? (2 BE)

---

[1] amphitheatrum Amphitheater

3. Übertrage die Tabelle in dein Heft und fülle sie mit dem Verb audire (2. Ps. Sg.) aus: (9 BE)

	Aktiv		Passiv	
	Indikativ	Konjunktiv	Indikativ	Konjunktiv
Präs.				
Impf.				
Fut. I		–		–
Perf.				
Plusqpf.				

4. Identifiziere die lateinische Herkunft der Fremdwörter und gib die deutsche Übersetzung der lateinischen Herkunftswörter an. (4 BE)

a) *Artist*
c) *Autorität*
e) *Prinz*
g) *perfekt*

b) *Quantität*
d) *Lizenz*
f) *Referat*
h) *Effekt*

(A) Übersetzung

Kaiser Augustus

Die Einwohner Roms haben sich auf dem Forum versammelt und ein Festredner hält eine Rede zu Ehren von Kaiser Augustus:

„Omnes Romani nunc in foro sunt, ut principi Augusto gratias agant.
Hoc enim et M. Antonio de imperio contendentibus timor civium tantus erat,
3 ut multi de salute desperarent.
Nam quis vestrum – territus superbia imperatorum – non timebat,
ne proeliis crudelibus libertas totius rei publicae perderetur?
6 Sed flammis belli civilis[1] exstinctis cives urbis Romae viderunt,
quanta virtute et fide Augustus esset.
Nunc homines tota regione vitam cum otio agunt, cum princeps provideat,
9 ut satis frumenti Romam importetur[2]."

(B) Zusätzliche Aufgaben

1. Übersetze <u>nur</u> die kursivgedruckten Subjunktionen. Welche Art von Nebensatz liegt jeweils vor? (6 BE)

   a) Cives in foro convenerunt, *ut* orationem audirent.
   b) Periculum non erat, *ne* quis principem verbis violaret[3].
   c) Nemo quaesivit, *num* verba orationis vera essent.

2. Verwandle folgende direkte Fragesätze in indirekte. (2 BE)

   a) Gloriane imperatoris magna est? (Civis quaerit ...)
   b) Quanta virtute ille in bello erat? (Civis quaesivit ...)

---

[1] bellum cīvīle Bürgerkrieg – [2] im-portāre: *vgl. Fw.* – [3] violāre verletzen

3. Nenne und belege drei Stilmittel im folgenden Text. (3 BE)

> Tua igitur aetate, imperator, tuti vivimus, tua cura urbs nostra elata est, tua virtute gloria totius rei publicae perpetua erit.

4. Nenne die lateinischen Wörter, die in den folgenden Fremdwörtern enthalten sind, und gib ihre deutsche Bedeutung an. (2 BE)

   a) *Attest*   b) *Zentimeter*

5. Wie wurde Trier von den Römern genannt? Warum war die Lage dieser Stadt für sie von besonderer Bedeutung? Nenne ein von den Römern errichtetes, bis heute berühmtes Bauwerk Triers. (3 BE)

(A) Übersetzung

Pax Romana

Im Kampf zwischen Römern und Britanniern stehen sich die feindlichen Heere gegenüber. Calgacus, einer der britannischen Heerführer, hält kurz vor der entscheidenden Schlacht vor seinen Soldaten eine flammende Rede. Dabei spricht er auch über das Vorgehen der Römer.

„Non ignoratis Romanos cuncta vastare[1] et orbem corripere.
Si hostis dives est, isti avari[2] sunt, si hostis miser, isti honorem petunt.
3 Omnia, quae nos scelera vocamus, isti falsis nominibus imperium appellant,
atque ubi isti omnia perdiderunt, pacem appellant. E vobis quaero,
qui homines natura nobis cari sint – nostri liberi ac propinqui.
6 Sed hi auferuntur, ut in servitutem[3] ducantur.
E vobis quaero, cur spem salutis sustuleritis; dicite mihi, cur vos,
quibus et virtus et gloria semper carae fuerint, animo defeceritis!
9 Hic dux, hic exercitus, hic Britannia libera – ibi tributa[4] et servitus et mors!
Ite in proelium et de maioribus vestris et posteris cogitate!"

(B) Zusätzliche Aufgaben

1. Stelle aus dem Text zusammen, was Calgacus den Römern vorwirft. (6 BE)

2. Überlege, was ein Römer Calgacus entgegnen könnte. (6 BE)

3. Suche aus dem Text drei rhetorische Stilmittel heraus (Textbeispiel und Bezeichnung). (3 BE)

---

[1] vāstāre verwüsten – [2] avārus gierig – [3] servitūs, -ūtis Knechtschaft, Sklaverei – [4] tribūtum Steuer, Abgabe
Umfang: 102 lat. Wö. + 15 BE

(A) Übersetzung

In der Schule

Magister[1]:	Salvete, liberi! Sed quid est? Surgatis, cum venio!
Liberi:	Salve, magister! Ne saevus sis!
3 Magister:	Saevus esse debeo, quia discere non studetis.
Iulia ad amicam:	Utinam vocabula[2] didicissem!
Amica:	Vocabula scirem, si mihi satis temporis fuisset.
6 Magister:	Omnes taceant! Utinam parati[3] sitis!
	Claudia, utinam vocabula didiceris!
Claudia:	Officia neglexi. Veniam peto!
9 Marcus:	Utinam finis lectionis[4] adesset!
Magister:	Adeamus nunc librum! Lege, Rufe!
Rufus:	Quid? Animum ad vocem tuam non verti.
12 Magister:	Liberi semper animos ad vocem magistri vertant!
	Nunc legere incipiamus! Aliter nihil discetis.

(B) Zusätzliche Aufgaben

1. Finde die folgenden Konjunktive im Übersetzungstext. (12 BE)

   a) Hortativ *(2x)* – b) Jussiv *(2x)* – c) Irrealis der Gegenw. – d) Irrealis der Vergangenheit – e) Optativ der Gegenw. (erfüllb.) *(3x)* – f) Optativ der Vergh. (erfüllb.) – g) Optativ der Gegenw. (unerfüllb.) – h) Optativ der Vergh. (unerfüllb.)

2. Welche Sätze im Text müssen leise gesprochen werden, damit sie der Lehrer nicht hört? (2 BE)

3. Kennst du die heutigen Ortsbezeichnungen? (2 BE)

   a) Augusta Treverorum   b) Castra Regina
   c) Augusta Vindelicorum   d) Mogontiacum

---

[1] magister Lehrer – [2] vocābulum: *vgl. Fw.* – [3] parātus bereit – [4] lectiō, -ōnis Unterricht
Umfang: 72 lat. Wö. + 16 BE

(A) Übersetzung

Römer und Germanen

15 n.Chr. zieht Germanicus mit einigen Legionen an den Ort der Niederlage des Varus, um den Gefallenen die letzte Ehre zu erweisen. Dort trifft er auf den römerfreundlichen Segestes, der sich gegen Arminius gestellt hatte und auch jetzt Germanicus gegen seine eigenen Landsleute zu Hilfe geeilt ist. Segestes' ablehnende Haltung Arminius gegenüber hatte auch persönliche Gründe, da Arminius Segestes' Tochter entführt und zu seiner Frau gemacht hatte.

Segestes memoriā bonae societatis[1] haec verba fecit:
„Ex illo tempore, quo Augustus princeps me civem Romanum fecit,
3 semper dicebam me numquam cum populo Romano bellum gesturum esse,
quia mihi pax magnae curae erat. Utinam Varus mea verba intellexisset!
Tum postulavi, ut Arminio et sociis vincula imponerentur, sed frustra
6 speravi. Utinam illa nox mihi ultima fuisset! Nam ego ab Arminio captus
sum et plurimos dolores tuli.
Ubi te et tuas copias in Germaniam venturas[2] esse audivi, ad te adii,
9 non quia praemium exspecto, sed quia pacem inter Germanos et Romanos
facere volo. Princeps decernat, utrum genti meae pernicies[3] instet an cum
Romanis amicitiam faciamus. Arma deponamus!“

(B) Zusätzliche Aufgaben

1. Bilde PPA und PFA (Nom. Sg. *m*) von den folgenden Verben. (8 BE)

	PPA	PFA
a) intellegere		
b) movere		
c) facere		
d) mittere		

---

[1] societās, -ātis f Bündnis – [2] ventūrus: *PFA zu* venīre – [3] perniciēs, perniciēī Verderben

2. Bestimme, ob folgende Wünsche erfüllbar oder nicht erfüllbar sind.
   Du brauchst nicht zu übersetzen. (4 BE)

   a) Utinam amicus mihi epistulam scribat!
   b) Utinam amici venissent!
   c) Utinam Romam iter facere possem!
   d) Utinam tacuisses!

3. Stelle aus dem Text die Gründe zusammen, die Segestes für seine Rede angibt. (3 BE)

Germanicus bestattet die unter Varus gefallenen Legionen.
Holzstich 1855. Berlin, Sammlung Archiv für Kunst und Geschichte.

Umfang: 105 lat. Wö. + 15 BE

Übersetzung

Arminius

Tacitus narrat Arminium e gente Cheruscorum[1] ortum[2] exercitui
Romanorum se adiunxisse et complures annos manum auxiliorum duxisse.
3 Idem cum res Romanas cognovisset, ad gentem suam rediit cum sociis
prioribus[3] pugnaturus.

Postquam Cheruscos commovit, ut Romanis resisterent, multas gentes
6 Germanorum sibi adiunxit, ut bellum hostibus inferret. His rebus auditis
Varus, qui exercitui Romano in Germania praeerat, tribus legionibus
coactis Rhenum flumen transiit, ut potentiam Romanam demonstrando
9 Germanos perturbaret. Tum agmen ingens Romanorum procedebat per
vastas Germaniae silvas usque ad saltum Teutoburgensem[4], ut Tacitus
contendit. Sed Arminius insidiis paratis copias Romanas iterum atque
12 iterum ita oppugnabat, ut perterriti animo deficerent et a Germanis
summam calamitatem acciperent.
Varus cum exercitum periturum esse intellexisset, se ipse necavit.
15 Pauci Romani istam calamitatem fugere poterant. Imperator Augustus
his rebus nuntiatis adeo motus est, ut clamaret: „Vare, Vare, redde[5]
mihi legiones!"

18 Sed haec victoria victori haud saluti erat. Nam Tacitus Arminium paulo
post a familiaribus invidia incensis interfectum esse tradit.

---

[1] **Cherūscī** *m Pl.* die Cherusker (germanischer Volksstamm, der im Gebiet des heutigen Niedersachsen lebte) – [2] **ortus**
(ab)stammend – [3] **prior, priōris** früher, einstig – [4] **ūsque ad saltum Teutoburgēnsem** bis zum Teutoburger Wald –
[5] **reddere** *hier:* zurückgeben
Umfang: 153 lat. Wö.

(A) Übersetzung

Carolus Magnus

Einhard, ein bedeutender fränkischer Gelehrter, verfasste um 835 n.Chr. in der Tradition antiker Autoren eine Biografie über Kaiser Karl den Großen, dessen langjähriger Berater und Vertrauter er gewesen war.

Carolus erat magna eloquentia[1] eique licebat iucunde dicere, quod vellet.
Linguas discere studuit, quod patrio[2] sermone contentus non erat.
3 Latinam linguam ita didicit, ut illa et patria lingua eodem modo orare[3]
posset. Etiam Graecam linguam exercuit, sed verba Graeca intellegere
tantum, dicere non poterat. Etiam litteris diligenter studuit.
6 Ita factum est, ut magistri[4] litterarum magno honore afficerentur.
Artem grammaticam didicit praeclaros magistros audiendo.
Artem scribendi Carolus multos annos temptabat. Itaque tabulas in
9 quiescendo sub cervicalibus[5] deposuit, ut, cum tempus esset,
manum litteras scribendo exerceret, sed paulum processit.

(B) Zusätzliche Aufgaben

1. Erläutere, welche Bereiche der Bildung für Karl wichtig waren. (6 BE)

2. Erkläre, warum Karl auch den antiken Sprachen großen Wert beimaß. (4 BE)

3. Bilde zu den Formen von facere die entsprechenden von fieri. (4 BE)

     facit   fecerant   faciebant   faciat

---

[1] ēloquentia Beredsamkeit – [2] patrius heimisch, väterlich – [3] ōrāre *hier:* beten – [4] magister, magistrī Lehrer – [5] sub cervīcālibus unter das Kopfkissen
Umfang: 87 lat. Wö. + 14 BE

Übersetzung

Quo vadis, Domine?

Während der Regierungszeit Neros lebte eine ziemlich große christliche Gemeinde in Rom. Die Christen, die sich untereinander *Brüder* nannten, kamen an geheimen Orten zusammen, um Gott zu verehren.

Im Jahre 64 n.Chr. brach ein großer Brand aus, der weite Teile Roms in Schutt und Asche legte. Bald stand für viele fest, dass es sich um Brandstiftung handelte. Durch geschicktes Taktieren gelang es Kaiser Nero, den Verdacht von sich auf die Christen (lat. Chrīstiānī, -ōrum) zu lenken.

   Eo tempore Petrus, apostolus[1] Christi, cum Nazario comite Romam
   petiverat, ut fratres Christianos adiret.
3 Cum amici Petri periculum animadvertissent, ei consilium Romam
   relinquendi dederunt. In Via Appia Petrus cum Nazario iter faciens
   comitem interrogavit: „Videsne illum splendorem[2] ad nos venientem?"
6 „Nihil video", respondit Nazarius.
   Sed Petrus: „Quis dubitet Dominum in luce solis apparuisse[3]?"
   Subito Petrus in terram cecidit et magno cum gaudio vocavit:
9 „Christe, Christe, dic mihi, quid faciam? Ne me reliqueris!"
   Postquam apostolus diu tacuit, iterum clamavit: „Quo vadis[4], Domine?"
   Christus respondit: „Quia tu populum meum reliquisti, ego Romam petam,
12 ut iterum crucifigar[5]!"
   Paulo post Petrus surrexit et Romam rediit. „Quo vadis, Domine?",
   Nazarius interrogavit. Petrus: „Romam."

Petrus gelangte nach Rom und wurde im Circus ans Kreuz geschlagen – auf eigenen Wunsch mit dem Kopf nach unten, da er nicht würdig sei, den gleichen Tod wie Christus zu sterben. Über seinem Grab, so die Überlieferung, erhebt sich heute der Petersdom.

Annibale Carracci: Christus erscheint Petrus auf der Via Appia. 1601. London, National Gallery.

---

[1] apostolus Apostel – [2] splendor, -ōris *m* Glanz – [3] appārēre, appāreō, appāruī erscheinen – [4] vādere, vādō gehen – [5] crucifīgere, crucifīgō ans Kreuz schlagen, kreuzigen
   Umfang: 108 lat. Wö.

(A) Übersetzung

Christenverhör

Saturninus, der Präfekt der nordafrikanischen Stadt Scili, verhört den Christen Speratus:

	Saturninus:	Si ad bonam mentem reditis, veniam domini nostri imperatoris impetrare potestis.
3	Speratus:	Scelus non commisimus. Immo sceleribus acceptis gratias egimus.
	Saturninus:	Et nos religiosi[1] sumus. Simplex[2] est religio nostra. Iuramus[3]
6		per nomen imperatoris nostri et pro salute eius supplices deos adimus. Quod et vos facere debetis.
	Speratus:	Praebe aures tuas religioni nostrae!
9	Saturninus:	Tibi falsa de sacris nostris contendenti aures non praebebo; sed potius iura per nomen domini nostri imperatoris! Esne paratus ad deos nostros colendos?
12	Speratus:	Huic imperio mihi resistendum est. Magis illi Deo pareo, quem nemo mortalium vidit nec videre his oculis potest.
	Saturninus:	Da honorem Caesari!
15	Speratus:	Honorem Caesari, timorem autem Deo.
	Saturninus:	Simulacrum[4] imperatoris supplex adeas ture[5] ac vino dando!
	Speratus:	Non possum. Paratus sum ad mortem.

---

[1] religiōsus: *Adj. zu* religiō – [2] simplex einfach – [3] iūrāre per schwören (bei) – [4] simulācrum (Stand-)Bild – [5] tūs, tūris *n* Weihrauch

(B) Zusätzliche Aufgaben

1. Unterscheide, ob es sich um Gerundium oder attributives Gerundivum handelt. Übersetze alle Junkturen. (7 BE)

   a) libro Ciceronis legendo
   c) cupidus monumenta spectandi
   e) ad deos colendos templum adire
   g) liberos monendo

   b) ad instruendum paratus
   d) studium libri legendi
   f) in epistulis scribendis

2. Unterscheide und bestimme. (10 BE)

   a) servi vocantis – servis vocandis – servum vocatum
   b) exigentem – exactum – exigendo – exegistis
   c) peccando – peccantes – peccata

3. Fragen zu Thema und Text:

   a) Wie ist die Grundstimmung bei diesem Verhör? (1 BE)
       sachlich   emotional   nüchtern   aggressiv
   b) An welchem Punkt entzündet sich der Konflikt zwischen Christen und römischen Nichtchristen? Belege deine Aussage mit Formulierungen des Textes. (2 BE)
   c) Überlege, mit welchen Formulierungen des Speratus der Präfekt Saturninus offensichtlich nichts anfangen kann? (2 BE)
   d) Bei welchen Formulierungen ist er gezwungen zu handeln? (1 BE)

(A) Übersetzung

Der heilige Valentin

Auctores quidam tradunt Claudio[1] imperatore sacerdotem Romanum fuisse deum Christianorum colentem. Hac re audita Claudius illum
3 virum nomine Valentinum afferri iussit. Postquam ab imperatore interrogatus est, quanti numina Romana aestimaret, respondit eos esse daemones[2]. Claudius ira incensus clamavit: „Tibi redeundum est
6 ad veteres deos Romanos." At Valentinus: „Haec a me non postulares, si gloriam Dei veri scires et intellegeres Christum esse Dei filium." Tum Claudio auctore Valentinus in iudicium vocatus est. Asterius
9 autem iudex[3] dixit: „Si Christus tuus est lux, ut contendis, mihi prius videndum est, num filia mea caeca[4] ab eo lucem oculorum recipiat." Et ecce, Valentino orante[5] filia Asterii lucem oculorum recepit.
12 Claudius cum Asterium eiusque familiam baptizatos[6] esse audivisset, clamavit: „Omnes in vincula dandi sunt, Valentinus autem interficiendus est."

(B) Zusätzliche Aufgaben

1. Unterscheide, ob es sich um Gerundium, attributives oder prädikatives Gerundivum handelt. (6 BE)

   a) Hodie amicus mihi librum legendum ostendit.
   b) Equidem mihi librum legendum esse constitui.
   c) Sed raro mihi tempus legendi est.
   d) Multa officia mihi praestanda sunt.
   e) Feriis[7] autem studendi causa officia fugiam.
   f) Sol et natura me ad officia neglegenda paratum invenient.

---

[1] **Claudius** Claudius (röm. Kaiser 41-54 n.Chr.) – [2] **daemōn, -ōnis:** *vgl. Fw.* – [3] **iūdex** Richter – [4] **caecus** blind – [5] **ōrāre** *hier:* beten – [6] **baptizāre** taufen – [7] **fēriae, -ārum** *f Pl.: vgl. Fw.*

2. Bilde zu laudare die folgenden infiniten Formen. (10 BE)

    a) Inf. Präs. Akt.   b) Inf. Präs. Pass.
    c) Inf. Perf. Akt.   d) Inf. Perf. Pass.
    e) Inf. Fut. Akt.   f) Gerundium im Genitiv
    g) Gerundivum im Nominativ   h) Part. Präs. Akt.
    i) Part. Perf. Pass.   j) Part. Fut. Akt.

3. Gib die Sätze an, mit denen man belegen kann, dass die Valentinslegende wohl keinen historischen Hintergrund hat. (4 BE)

    a) Kaiser Claudius ist der Vorgänger von Kaiser Nero, unter dem erstmals Christen verfolgt worden sind.
    b) Der römische Richter Asterius verlangt eine Art Gottesbeweis.
    c) Kaiser Claudius war bekanntlich sehr grausam gegen die Christen.
    d) Valentin hat die Probe, die Asterius von ihm verlangte, bestanden.
    e) Vom Kaiser wurden keine Verhöre durchgeführt.
    f) Unter Kaiser Claudius gab es wohl bereits eine Christengemeinde in Rom.
    g) Es ist ausgeschlossen, dass ein Blinder jemals wieder sehen kann.

(A) Übersetzung

Was tun mit den Christen?

Während Gaius Plinius Secundus im 1. Jh. n. Chr. Statthalter der kleinasiatischen Provinz Bithynien war, fragte er Kaiser Trajan in allen Dingen, die ihm zweifelhaft erschienen, um Rat. Im folgenden Brief geht es um die Behandlung der Christen.

„Numquam causis de Christianis interfui; itaque nescio, quid mihi quaerendum aut puniendum[1] sit. In inquirendis[2] causis dubitavi, utrum is, qui non iam Christianus est, veniam accipiat an damnandus sit.

3 Ignoro, utrum nomen ipsum puniendum sit an scelera, quae Christiani commiserint.

Interim in eos, qui accusabantur, causam ita egi: Interrogavi ipsos, an

6 essent Christiani. Eos, qui se Christianos esse concesserunt, iterum atque iterum interrogavi. Si confirmabant se Christianos esse, putavi eos supplicio puniendos esse.

9 Cives, qui negabant se esse Christianos aut fuisse et deos colebant et imagini tuae sacra dabant et Christo maledicebant[3], dimittendos esse putavi. Nam audivi veros Christianos has res non gerere."

12

(B) Zusätzliche Aufgaben

1. Stelle zusammen, wie Plinius während des Prozesses vorgeht. Nenne dabei die Kriterien, die einen Nicht-Christen ausweisen. (6 BE)

2. Bestimme den Irrläufer. Begründe deine Entscheidung. (6 BE)

   a) defendi – defendendi – docendi – dedendi
   b) fer – fere – ferendi – fers
   c) interest – interea – interim

---

[1] pūnīre bestrafen – [2] inquīrere untersuchen – [3] maledīcere *m. Dat.* jdn. verfluchen
Umfang: 103 lat. Wö. + 12 BE

Übersetzung

Vom Saulus zum Paulus

Paulus, der früher Saulus hieß, war als strenggläubiger Jude ein erbitterter Gegner der Christen. Durch ein einschneidendes Erlebnis änderte sich sein gesamtes Leben. Er berichtet selbst über dieses Ereignis:

A iuventute leges et mores gentis meae semper secutus sum et vitam
piam egi. Semper impios aggressus sum, quod religionem nostram non
3 verebantur. Me iustum putavi et, cum Hierosolyma[1] venissem,
multos eorum, qui Iesum colebant, apud iudices accusavi.
Christiani multas calamitates passi misere mortui sunt.
6 Postea ad Christianos quaerendos et damnandos in alia oppida
progressus sum. Cum Damascum[2] profectus essem, subito in via lucem
me et comites cingentem vidi. Cum nos omnes in viam cecidissemus,
9 vocem de caelo loquentem audivi: „Saule, Saule, cur in me instas?"
Quam vocem mirans rogavi: „Quis es, domine?" Vox dixit:
„Ego sum Iesus, quem sequeris.
12 Sed surge, nam ego te ministrum[3]
meum faciam!" Ex eo tempore me
Paulum voco et Christi disciplinam
15 consequor.

Clive Upton:
Der Weg nach Damaskus.
Aquarell. 20. Jh.
Privatsammlung.

---

[1] **Hierosolyma** *(Akk.)* nach Jerusalem – [2] **Damascum** nach Damaskus (bedeutende Stadt in Syrien) –
[3] **minister, ministrī** Diener
Umfang: 118 lat. Wö.

(A) Übersetzung

Typisch römische Rechtschaffenheit

Im 3. Jh. v.Chr. kam es in Süd- und Mittelitalien zu einem für die Römer verlust-reichen Krieg gegen König Pyrrhus von Epirus, der sich selbst zum Schutzherrn der griechischen Städte in Unteritalien ernannt hatte. Gerade aus dieser Aus-einandersetzung sind bei Livius zahlreiche Begebenheiten überliefert, die die viel beschworene virtus Romana beweisen.

Cum Pyrrhus, rex Epiri[1], plerasque Italiae partes proeliis bene perfectis cepisset, Timochares[2], amicus quidam regis, C. Fabricium[3] consulem adiit
3 ac, si praemium a Romanis accepisset, se regem veneno[4] necaturum esse pollicitus est; id facile fieri posse dixit, quia filius suus vinum regi eiusque hospitibus praebere soleret. Quam rem Fabricius ad senatum
6 scripsit. Senatus autem ad regem legatos his cum litteris misit: „Consules Romani regi Pyrrho salutem dicunt. Nos iniuriis tuis vehementer commoti tecum bellum gesturi sumus. At te salvum
9 esse volumus, ut armis te superare possimus. Ad nos contendit Timochares, familiaris tuus, qui sibi praemium a nobis petivit, si te interfecisset. Id nos negavimus, immo respondimus nos tibi nuntiaturos
12 esse de ea re, quia nobis non placet cum hostibus pretio aut dolis pugnare. Tu nisi cavebis, iacebis. Vale!"

(B) Zusätzliche Aufgaben

1. Bestimme die Verwendungsart der Kasus. (8 BE)

a) iniuriis tuis (Z. 7)
c) vinum (Z. 4)
e) consulem (Z. 2)
g) nobis (Z. 12)

b) armis (Z. 9)
d) regi eiusque hospitibus (Z. 4 f.)
f) veneno (Z. 3)
h) pretio aut dolis (Z. 12)

---

[1] **Epīrus:** Landschaft an der Westküste Griechenlands – [2] **Tīmocharēs, -is** *m* Timochares (ein Vertrauter des Pyrrhus) – [3] **C. Fabricius** Gaius Fabricius Luscinus (röm. Konsul 282 und 278 v.Chr.) – [4] **venēnum** Gift

2. Hast du in der Grammatik die Zusammenfassung zur „Verwendung der Kasus"
   gelernt? Ordne zu. (18 BE)

a) Gen. possessivus	(1) Amicus *matri* adest.
b) Gen. possessivus	(2) Caesar *magna audacia* erat.
c) Gen. qualitatis	(3) Cicero vir *magni ingenii* erat.
d) Gen. subiectivus	(4) Consul civitatem *(a) periculo* liberavit.
e) Gen. obiectivus	(5) Consul *saluti* civium consulit.
f) Gen. partitivus	(6) *Consulis* est rem publicam regere.
g) Dat. als Objekt	(7) Domus *patris* magna est.
h) Dat. possessoris	(8) Frumentum *magno usui* est.
i) Dat. finalis	(9) *Hac nocte* ad urbem pervenimus.
j) Dat. commodi	(10) Hic liber *tibi* legendus est.
k) Dat. auctoris	(11) Liberi *donis* gaudent.
l) dopp. Akk.	(12) Milites *Caesarem virum fortem* putabant.
m) Akk. der Ausdehnung	(13) Milites *multos annos* bellum gerebant.
n) Abl. instrumentalis	(14) Parentes liberos *donis* delectant.
o) Abl. causae	(15) *Patri* domus magna est.
p) Abl. temporis	(16) Servus magnam vim *frumenti* emit.
q) Abl. separativus	(17) Spes *consulis* magna est.
r) Abl. qualitatis	(18) Spes *salutis* apud omnes magna est.

3. Erkläre anhand der Erzählung, was man unter „Rechtschaffenheit" versteht. (2 BE)

(A) Übersetzung

Archimedes

Quondam nulla urbs Graeca erat nobilior quam Syracusae[1]. Tertio ante Christum natum saeculo Romani eam urbem potentissimam capere
3 studebant. Magnis copiis coactis Romani urbem exercitu et navibus claudebant moeniaque altiora civitatis oppugnabant. Quam certe cepissent, nisi Archimedes, vir doctissimus, Syracusas ab hostium impetibus
6 defendisset. Is vir cives machinas[2] a se inventas in munitionibus ponere iussit. Archimede duce hostes oppugnantes machinis tela[3] mittentibus et speculis[4] lucem solis capientibus velaque[5] navium incendentibus
9 diu a moenibus prohibebantur.
Urbe tandem capta milites Romani, ut fieri solebat, per vias Syracusarum procedebant hostes ad resistendum paratos interfecturi. Unus ex iis in
12 hortum[6] Archimedis iniit, ubi virum doctum figuras[7] in pulvere[8] scribere vidit. Et senex a milite turbatus clamavit: „Noli turbare circulos[9] meos!"
His verbis incensus miles illum virum praeclarissimum gladio interfecit.

(B) Zusätzliche Aufgaben

1. Übersetze die kurze Fabel „Hase und Fuchs". (10 BE)

   Lepus[10] vulpi[11]: „Maiore", inquit, „auctoritate dignus sum quam tu.
   Nam ego tibi pedum celeritate longe praesto." – Tum vulpes:
   „At mihi", inquit, „acrius ingenium est, quo saepius quam tu canes[12]
   vito. Ingenium celeritati et viribus corporis praestat."

2. An zwei Stellen im Fabeltext kannst du „quam mit Substantiv" durch einen Ablativ des Vergleichs ersetzen. (2 BE)

---

[1] Syrācūsae, -ārum f Pl. Syrakus *(bedeutende griech. Stadt auf Sizilien)* – [2] māchina Maschine – [3] tēlum Wurfgeschoss – [4] speculum Spiegel *(hier handelte es sich um riesige Hohlspiegel)* – [5] vēlum Segel – [6] hortus Garten – [7] figūra: vgl. Fw. – [8] pulvis, pulveris Staub – [9] circulus Kreis – [10] lepus, -oris Hase – [11] vulpēs, -is Fuchs – [12] canis, -is Hund
Umfang: 125 lat. Wö. + 12 BE

(A) Übersetzung

Alexander und sein Arzt Philippus

Alexander Magnus quondam morbo gravissimo laboravisse dicitur.
Cuius de salute iam omnes medici desperare videbantur, cum
3 Philippus, medicus magnae fidei, regem servari posse intellexit.
Arte sua confisus remedia¹ diligenter delegit, quae regi saluti essent.
Sed litteris Parmenionis² imperatoris acceptis Alexander haec legit:
6 „Rex, ne confisus sis Philippo! Nam te veneno³ perdet." Alexander
autem, qui Philippum nimium diligeret, vocem Parmenionis neglexit,
immo Philippus a rege has litteras legere iussus est. Et medico litteras
9 legente Alexander poculum capiens remedium bibendo fidem amico
praestitisse traditur.

(B) Zusätzliche Aufgaben

1. Bestimme den adverbialen Nebensinn der beiden im Text vorkommenden konjunktivischen Relativsätze. (2 BE)

2. Bestimme die Verwendungsweise folgender Kasus. (8 BE)

   a) morbo gravissimo (Z. 1), b) cuius (Z. 2), c) magnae fidei (Z. 3), d) remedia (Z. 4), e) regi (Z. 4), f) saluti (Z. 4), g) veneno (Z. 6), h) amico (Z. 9)

4. Welche Wörter gehören nicht zum Wortfeld „Besitz – Reichtum"? (4 BE)

   prodere – vultus - divitiae – possidere – aes – opes – quaerere –
   poculum – pecunia – iactare – manus – mos - habere – cupiditas

3. Finde eine Überschrift, die die Intention der Anekdote deutlich macht. (2 BE)

---

¹ **remedium** Heilmittel, Arznei – ² **Parmeniō, -ōnis** *m* Parmenion *(ein General Alexanders)* – ³ **venēnum** Gift
Umfang: 82 lat. Wö. + 16 BE

Übersetzung

Ariovist antwortet Cäsar

Im ersten Jahr seines Aufenthaltes in Gallien erfährt Cäsar von den Häduern (lat. Haeduī), die sich ihm angeschlossen haben, dass sie in großer Furcht vor den Übergriffen der Germanen leben. Deren Anführer Ariovist erpresse alljährlich mit Waffengewalt Tribute von den Häduern. Daraufhin lässt Cäsar Ariovist ausrichten, dass die Häduer nun unter seinem Schutz stünden und er sie in Ruhe lassen solle.

Ad haec Ariovistus respondit: Ius esse belli, ut ii, qui vicissent, iis, quos vicissent, imperarent, quemadmodum vellent; item populum
3 Romanum victis non ad alterius praeceptum[1], sed ad suum arbitrium[2] imperare solitum esse. Si ipse populo Romano non praeciperet, quemadmodum suo iure uteretur, non oportere se a populo Romano
6 in suo iure impediri. Haeduos sibi, quoniam belli fortunam temptavissent et armis superati essent, stipendiarios[3] esse factos. Magnam Caesarem iniuriam facere, qui suo adventu vectigalia[4] raperet. Haedui sibi
9 stipendium[5] quotannis[6] darent; Caesar cum vellet, impetum faceret; eum intellecturum esse, quid semper victores Germani virtute possent.

(nach Caesar, *Bellum Gallicum* I 36, 1-4)

---

[1] **ad praeceptum** auf Anweisung – [2] **ad suum arbitrium** nach eigenem Gutdünken – [3] **stīpendiārius** *m. Dat.* jdm. gegenüber tributpflichtig – [4] **vectīgal, -ālis** *n* Abgabe, Steuer – [5] **stīpendium** Abgabe, Tribut – [6] **quotannīs** *Adv.* jährlich
Umfang: 93 lat. Wö.

1

(A) Die Schriftsteller erzählen, dass die Menschen oft die Äußerungen der Pythia nicht verstanden haben. Wer kennt nicht König Krösus? Dieser überschritt mit seinen Truppen den Fluss Halys, wie Pythia gesagt hatte, und – ging zugrunde. Denn er hatte geglaubt: „Ich werde den Fluss überschreiten, die Feinde angreifen und sie besiegen. Dann werde ich ein großes Reich haben." – Die Römer aber erzählen, dass Tarquinius ein grausamer König gewesen sei. Dieser schickte seine Söhne nach Delphi, weil ein Vorzeichen ihn erschreckt hatte. Die Pythia sagte seinen Söhnen: „Wer von euch als Erster der Mutter einen Kuss geben wird, wird die Stadt Rom beherrschen."

(B) 1. „Matrem petam. Ei primus osculum dabo." – „Non tu matri osculum dabis; nam te superabo. Urbem Romam regam." 2. a) dis-cedere: auseinander-gehen b) per-spicere: durch-schauen c) componere: zusammen-stellen, -legen, -setzen d) ad-ire: hinzu-gehen, an-gehen 3. defendit – defendebat – defendet | veniunt – veniebant – venient | tenemus – tenebamus – tenebimus | postulas – postulabas – postulabis | estis – eratis – eritis 4. Opfer, Geschenke, Gelübde, Gebete

2

(A) Marcus: Fürchtest du dich vor Gespenstern? – Publius: Ich für meinen Teil glaube nicht, dass es Gespenster gibt. Glaubst du etwa (daran)? – Marcus: Ich glaube (daran), denn ich werde sowohl von Gespenstern als auch von diesen Geschichten, die von Gespenstern handeln, beeindruckt (bewegt). – Publius: Deshalb werden solche Geschichten von dir bestätigt (gelobt). Aber das, was in solchen Geschichten erzählt wird, siehst du nur in deinem Kopf. – Marcus: Ich weiß. Dennoch werde ich von Gespenstern erschreckt. Auch Claudia, meine Schwester, wird von Gespenstern erschreckt. Wir beide hören gerne Geschichten, die von Gespenstern handeln, obwohl wir beide erschreckt werden. – Publius: Hast du ein Gespenst gesehen? Sicherlich hast du keines gesehen. Manchmal wurdest du zu nächtlicher Zeit aus dem Schlaf geweckt. Aber du wurdest nicht durch ein Gespenst in Verwirrung gebracht. Ich werde dich von Gespenstern befreien. Ihr, du und deine Schwester, werdet von mir befreit werden.

(B) 1. a) Die Eltern erfreuen die Tochter durch viele Geschenke. b) Die Tochter wird von den Eltern durch viele Geschenke erfreut. c) Filia a parentibus multis donis delectatur. 2. a) perturbatis (ihr verwirrt), perturbabatis (ihr verwirrtet), perturbabitis (ihr werdet verwirren), perturbamini (ihr werdet verwirrt), perturbabamini (ihr wurdet verwirrt), perturbabimini (ihr werdet verwirrt werden) b) ducunt (sie führen), ducebant (sie führten), ducent (sie werden führen), ducuntur (sie werden geführt), ducebantur (sie wurden geführt), ducentur (sie werden geführt werden) 3. a) procedere: vorrücken, vorwärtsgehen b) antiquus: alt, altertümlich c) movere: bewegen d) abire: weggehen

e) amplus: weit, groß, bedeutend f) liber, libera, liberum: frei; auch liberare: befreien
g) invenire: finden, erfinden h) monstrum: Wunderzeichen, Ungeheuer, Gespenst

3

(A) Dann wollten die jungen Männer auch ihr Schicksal *(Pl.)* kennenlernen. Deshalb befragten sie den Gott Apollo: „Wer von uns wird nach dem Tod des Vaters die Römer beherrschen?" Man hörte die Stimme der Pythia: „Euch wird euer Los eröffnet werden, euch wird euer Schicksal gesagt werden. Das Römische Reich wird von dem geleitet werden, der der / seiner Mutter als Erster einen Kuss geben wird." Immer wieder wurden die Worte des Orakels von den jungen Männern bedacht. Dann (sagte) Titus: „Wenn wir das machen *(Fut.)*, was das Orakel uns gesagt hat, wird einer von uns der König Roms sein." Nachdem sie nach Rom zurückgekehrt waren, eilten die Söhne des Tarquinius zu ihrer Mutter, weil sie ihr einen Kuss geben wollten. Brutus aber meinte, dass das Orakel eine andere Mutter genannt hatte. Deshalb gab er sofort der Erde einen Kuss. Denn er meinte, dass die Erde die Mutter aller Menschen ist (sei).
(B) 1. a) intellegam b) capiemus c) vincet 2. a) terrebar, terrebor b) audiebatur, audietur c) relinquebatur, relinquetur 3. a) richtig b) richtig c) falsch

4

(A) Nachdem die Schiffe der Griechen, die von überall her versammelt worden waren, zusammengekommen waren, befahl Agamemnon, dass die Flotte zur Stadt Troja fahren solle. Aber die Winde fehlten. Deshalb war es den Schiffen, nachdem sie von den Griechen auf den Strand gelegt worden waren, nicht möglich abzufahren (wegzugehen). Da Agamemnon durch dieses Zeichen der Götter beeindruckt (bewegt) wurde, befragte er einen Seher. Dieser sagte: „Agamemnon, bringe der Göttin Diana ein Opfer. Töte Iphigenie, deine Tochter, auf dem Altar der Diana! Dann wird die Göttin, wenn sie durch ein solches Opfer versöhnt worden ist, erlauben, dass die Flotte abfährt (weggeht)."
(B) 1. Legati celeriter convocati a rege ad oraculum missi sunt. 2. a) debitum b) datum c) instructum d) delectum e) exceptum f) mandatum g) auctum h) censum 3. Die Menschen damals glaubten, durch Opfern den Göttern zu gefallen. Indem man etwas, was einem sehr wertvoll ist, hergibt, soll die Gottheit umgestimmt werden. Hier geht es um das Leben der eigenen Tochter. Diana stellt Agamemnon auf die Probe. (Eine außerordentliche Transferleistung, die besonders bewertet werden müsste, wäre die selbständige Zitierung der alttestamentlichen Parallele von der Opferung Isaaks durch Abraham.)

5

(A) Perseus hatte nicht nur der Ruhm seines Vaters und seiner Vorfahren beeindruckt (bewegt), sondern auch Alexander der Große, der das große Reich der Makedonen geschaffen hatte. Nun aber, nachdem er von den römischen Truppen besiegt worden war, betrat er das Lager des Ämilius Paullus. Diesem wurde gemeldet, dass der besiegte Anführer der Feinde ins Lager geführt werde. Weil die Soldaten von allen Seiten im Lager zu dem Schauspiel zusammenströmten, war es jenem nicht möglich, vorwärts zum Sieger zu gehen. Deshalb wurden vom Konsul Liktoren geschickt; diese machten Platz (bereiteten den Weg) zum Zelt des Paullus. Und Paullus fasste die Rechte jenes demütig bittenden Mannes und ließ den König aufstehen. Dann sagte Paullus zu seinen Begleitern, die anwesend waren: „Ihr seht ein großartiges Beispiel. Es gehört sich nicht, sich überheblich gegenüber einem besiegten Feind zu verhalten. Denn das gegenwärtige Glück wird nicht andauern (bleiben)."

(B) 1. Ille captus liberos habet; ego, qui triumphum de illo habui, nunc mortem duorum filiorum doleo. 2. a) his b) illorum c) eius d) his e) hanc 3. a) Er behandelt ihn großzügig und edelmütig, indem er ihm Liktoren (Amtsdiener) entgegenschickt, die ihm Platz machen; er reicht Perseus die Hand, lässt ihn nicht knien. b) Er hätte erwarten müssen, dass die siegreichen Soldaten ihn verhöhnten, dass er Folter und Hinrichtung erleiden musste. c) Er stellt es als ein sittliches Gesetz dar (non oportet), dass man Besiegte nicht demütigen dürfe. Er begründet es mit dem Auf und Ab des Schicksals. d) Perseus hielt sich für einen Nachfahren Alexanders des Großen. Er wollte auch ein riesiges Makedonenreich gründen. 4. Neptunus – Minerva

6

(A) Den Senatoren war ein Sieg gemeldet worden und der Konsul strebte als Sieger nach Rom. Jene dankten dem Konsul und beschlossen einen Triumph(zug). Denn die Römer hatten die Sitte, dass den Siegern ein Triumph zuerkannt wurde. Der Triumphzug wurde schon lange von einer Menschenmenge erwartet und das Forum füllte sich mit Menschen. Endlich sieht man den langen Zug: „Seht, dies(e) sind die Senatoren, jene die gefangenen Feinde!" Andere rufen: „Dort wird die Kriegsbeute von Soldaten gebracht! Seht diese Menge von Gold!" Man hört andere Menschen: „Wer ist dieser Mann? Ist er der König der Feinde?" – „Seht jene Frau! Sie ist traurig, aber schön." Dann kommt eine Quadriga (ein Viergespann) heran. Auf dieser steht der Konsul mit einem Sklaven. Die Menschen (rufen): „Jener ist der Sieger! Triumph!" Der Sklave hält einen Siegeskranz über den Kopf des Konsuls und mahnt: „Auch du bist ein Mensch."

(B) 1. a) hoc, illud b) hoc, illo c) hunc, illum 2. a) ducti, ae, a sunt (sie sind geführt worden) b) delectatus, a sum (ich bin erfreut worden) c) motus, a, um est (er, sie, es wurde bewegt) 3. Zu sehen ist der Triumphwagen des Siegers. Man sieht diesen im Wagen stehen; dahinter der Sklave, der den Kranz in die Höhe hält. Die Abbildung illustriert die letzten beiden Sätze des lateinischen Textes. 4. Der Sklave hat den Auftrag, den Konsul davor zu schützen, allzu hochmütig zu werden. Er soll sich nicht wie ein Gott fühlen, sondern sich immer bewusst sein, ein sterblicher Mensch zu sein, dem auch Leid und Unglück zustoßen können.

7

(A) Glaubst du, dass Menschen durch wunderbare Erzählungen beeindruckt (bewegt) werden, Sura? Von großer Furcht ergriffen, werde ich Dir nun die folgende unglaubliche Geschichte erzählen: In alten Zeiten wurden die Menschen in Athen von nächtlichem Lärm (Geschrei) geweckt. Nachdem Wächter in der Stadt aufgestellt worden waren, sah man einen hässlichen Greis, der Fesseln trug. Er gab den eingeschüchterten Menschen Zeichen und führte sie schnell in ein großes Haus, weil er (ihnen) etwas zeigen wollte. Im Inneren wurden von einem Priester die Knochen und die Fesseln eines getöteten Mannes gefunden. Dann kehrte jenes Gespenst freiwillig (gern) in sein Grab zurück.

(B) 1. excipietur – exceptus, a, um est | dabuntur – dati, ae, a sunt | capiar – captus, a sum   2. Wir alle kennen Asterix und Obelix. Dieser (Obelix) hat große Kräfte, jener (Asterix) wird wegen seiner Tapferkeit / Tüchtigkeit gelobt. 3. praeclare großartig – crudeliter grausam – pulchre schön – ingenter gewaltig 4. a) movere (*PPP* motus): bewegen b) locus: Ort, Platz, Stelle c) publicus: öffentlich 5. Der Anblick der Medusa ließ jeden Betrachter versteinern. Soldaten brachten häufig ein Bild der Medusa auf ihrem Schild oder ihrer Rüstung an, um dadurch den Gegner einzuschüchtern.

8

(A) Einst hatte Apollo die Waffen seines Bruders Amor mit Worten heftig beleidigt. Dieser, von Zorn bewegt, besiegte den mächtigen Gott mit einem Pfeil. Denn Apollo, von großer Liebe entbrannt, erblickte die Nymphe Daphne, die in den Wäldern lebte. Sobald er zwischen den Bäumen dieses schöne Mädchen sah, wollte er sie haben. Aber Daphne, da sie alle Männer verachtete, floh vor dem Gott, der die Spuren des Mädchens verfolgte (suchte). Schon berührte der Gott ihren Leib, als die Glieder des Mädchens, das den Namen des Vaters rief, in einen Baum verwandelt wurden. Und so ist der Lorbeer der Baum des Apollo.

(B) 1. ardens, vocantem, videns, fugiente, amante 2. gerentem, adeuntes, capientis, volens, delectante, quaerentibus, confirmans, tangentem, tacens, moneti 3. a) Wer von Amors Pfeil getroffen wurde, entbrannte in Liebe. b) Iam deus corpus eius tangebat, cum … mutata sunt. c) Apollo ist unter anderem der Gott der Künste. Künstler wurden deshalb mit Lorbeer bekränzt. Der Mythos erklärt, wie der Lorbeer zu Apollos Baum wird. d) In beiden Mythen spielt eine Nymphe eine Hauptrolle. Sie leben beide ein freies Leben in den Wäldern. Das zufällige Erblicken spielt eine Rolle. In beiden Geschichten verändert die Liebe die Liebenden, sie sind enthemmt.

9

(A) Jener war der Schönste der jungen Männer, sie aber überragte alle Mädchen an Schönheit. Bald wurden sie beide von heftiger Liebe (zueinander) entflammt. Die feindlichen Eltern aber verboten den Liebenden zusammenzukommen. [...] Sobald Pyramus zu jenem Baum kam, konnte er die Freundin, obwohl er sie lange suchte, nicht finden. Dann endlich erblickte er die Spuren der Löwin. Sofort glaubte der unglückliche junge Mann, dass das Mädchen von dem (einem) Tier getötet worden sei. Brennend vor Schmerz stürzte er sich in das Schwert, das er bei sich hatte. Kurz darauf verließ Thisbe die sichere Höhle. Sobald sie den Körper (Leichnam) des Geliebten fand, verzweifelte sie und gab sich den Tod mit dem Schwert des Pyramus.
(B) 1. Iuppiter Venerem flentem repellit. | Iuppiter verba Veneris audiens ab ea non flectitur. 2. a) Echo, von Narziss abgewiesen, zog sich in den Wald zurück. b) Echo, die von Narziss abgewiesen worden war, zog sich in den Wald zurück. c) Nachdem Echo von Narziss abgewiesen worden war, zog sie sich in den Wald zurück. d) Echo zog sich in den Wald zurück. Denn sie war von Narziss abgewiesen worden. 3. a) commovebatur b) conduceris c) sinemur d) continebuntur e) invenimini f) instruxerunt g) vicerat h) acti, ae, a erant i) exceptus, a sum j) missus, a eras

10

Nachdem Theseus mit Hilfe Ariadnes den Minotaurus im Labyrinth, das von Dädalus gebaut (gemacht) worden war, getötet hatte, fuhr er mit einem Schiff nach Athen, weil er vor dem Zorn des Königs Minos fliehen wollte. Ariadne, von Liebe entbrannt, floh mit dem tapferen jungen Mann. Später gelangte ihr Schiff zur Küste der Insel Naxos. Die Liebenden und ihre Gefährten ließen sich am Strand nieder und schliefen. In tiefer Nacht hörte Theseus im Schlaf den Gott Bacchus, der sagte: „Ariadne wird von mir geliebt. Ich selbst werde ihr Ehemann sein. Fliehe du von diesem Ort!" Und der junge Mann, da er von Angst gequält wurde, weckte sofort seine Gefährten aus dem Schlaf und verließ mit ihnen die Insel. Ariadne, die von dem geliebten Mann und den Gefährten verlassen worden war, lag weinend und laut rufend am Strand: „Ich bin verloren! Warum hat mich der treulose junge Mann im Stich gelassen? Warum habe ich Theseus, der dem Labyrinth entfloh, geholfen? Jetzt habe ich das Haus des Vaters verlassen und es wird mir nicht möglich sein, nach Hause zurückzukehren. Verlassen liege ich am Strand, auf der Suche nach Trost. Ich sehe kein Haus, keine Hilfe. Allein bin ich auf dieser Insel, wobei ich mich vor wilden Tieren und unbekannten Gefahren fürchte. Wehe! – Aber was sehe ich auf dem Meer? Mehrere Schiffe, die mit Weinlaub geschmückt sind, kommen heran. Menschen, die von großer Freude bewegt sind, sitzen auf den Schiffen, wobei sie rufen und Wein trinken. Siehe, Bacchus selbst ist da. Nun erhebt er sich. Seine Augen haben mich erblickt ... !"

11

(A) „Götter, die ihr unter der Erde seid, ich komme zu euch, weil ich meine geliebte Frau verloren habe. Wenn es mir erlaubt ist *(Fut.)*, mit meiner Frau euer Reich zu verlassen, werde ich euch immer danken und euch mit / in meinen Liedern loben. Wenn ihr meine Bitten (aber) nicht (er)hört, werde auch ich nicht ans Tageslicht zurückkehren." Dann bewegte Orpheus, da er mit wunderbarer Stimme sang, die Herzen (Geister) von Pluto und Proserpina. Weinend kamen auch die Seelen der Toten herbei. Zu diesem sagte Proserpina, als er (sie) auf diese Weise bat: „Wir werden erlauben, dass deine Frau mit dir die Heimat aufsucht. Aber höre! Wenn du selbst deine Augen auf Eurydike richtest, während du zu den Sterblichen zurückkehrst, wirst du deine Frau wiederum verlieren!" Dann verließ Orpheus mit seiner Frau Eurydike das Reich des Todes; weil er aber vor Liebe brannte, richtete er seine Augen auf sie – und sofort verlor er seine geliebte Frau.
(B) Das Relief hält den Augenblick fest, in dem Orpheus sich zu seiner Frau umwendet, als sie gerade die Unterwelt verlassen (1). Eurydike bleibt stehen (2), sofort legt Hermes seine Hand auf ihren Unterarm (3), um zu zeigen, dass ihr Weg hier zu Ende ist (4). Hermes und Eurydike nehmen eine parallele Haltung ein (5), sogar ihre Körperbewegungen und die Falten der Kleidung verlaufen parallel (6). So wird ihre Zusammengehörigkeit deutlich (7). Dies erkennt man auch an den Namen, die oben in gleicher Richtung geschrieben sind (8). Orpheus dagegen nimmt eine konträre Stellung ein (9). Auch sein Name wird in entgegengesetzter Schreibrichtung gezeigt (10). Zwischen Eurydike und ihm liegt ein relativ großer Zwischenraum (11), der durch seine Körperhaltung noch verstärkt scheint (12).

12

(A) Eurydike, die, von Liebe bewegt, Orpheus geheiratet hatte, wurde von einer Schlange getötet. Da Orpheus von übermäßigem Schmerz bedrängt wurde, wollte er seine Frau wiederbekommen. Deshalb suchte er selbst das Reich des Todes auf und trat an Pluto heran. Und tatsächlich überzeugte Orpheus den Gott, indem er schöne Lieder sang; und er bekam seine geliebte Gattin wieder. Pluto sagte aber Folgendes: „Ich werde nicht erlauben, dass Eurydike mit dir zu den Sterblichen zurückkehrt, wenn du nicht diese

Bedingung auf dich nimmst: Ich verbiete, dass du zu deiner Gattin hinsiehst (deine Gattin betrachtest), während du aus dem Tartarus herausgehst." Da Orpheus sich aber allzu sehr nach Eurydike sehnte, blickte er zurück auf sie. So verlor er wieder seine Gattin.

(B) 1. a) metum b) metu c) ipsi d) ipsis 2. *Ilias*: der Trojanische Krieg | *Odyssee*: die Irrfahrten des griechischen Helden Odysseus 3. a) Obwohl Odysseus lange nicht nach Hause zurückkehrte, versprach ihm Penelope: „Ich werde immer deine Ehefrau sein!" b) Odysseus kehrte lange nicht nach Hause zurück, trotzdem versprach ihm Penelope: „Ich werde immer deine Ehefrau sein!"

13

(A) Sisyphus aber ergriff und fesselte den Tod, der von Jupiter selbst geschickt worden war. Dann rief er: „Niemand wird umkommen, solange du gefesselt innerhalb meines Hauses sitzt." Nachdem aber der Tod vom Gott Mars aus seinen Fesseln befreit worden war, versuchte er wieder, Sisyphus zum Tartarus zu führen. Während sie zum Tartarus hinabstiegen, sagte Sisyphus bittend: „Die Menschen müssen den Göttern Gaben darbringen (Geschenke geben), wenn Verwandte verstorben sind (das Leben verloren haben). Ich weiß aber gewiss, dass meine Gattin keine Gaben dargebracht hat. Deshalb erlaube, dass ich meine Gattin ermahne!" Da der Tod die List nicht bemerkte, erlaubte er Sisyphus, nach Hause zu eilen.

(B) 1. a) movi b) coluit c) vident d) interficis 2. a) Obwohl Odysseus sich nach seiner Familie sehnte, erhielt Penelope keinen Brief von ihm. b) Trotz der Sehnsucht des Odysseus nach seiner Familie erhielt Penelope keinen Brief von ihm. 3. a) Phaëthon b) Echo c) Penelope d) Neptun / Poseidon

14

(A) Der stolze Phaëthon behauptete immer, dass er der Sohn des Sol sei. Seine Freunde aber, die dies nicht glaubten, lachten ihn aus und beleidigten ihn heftig mit Worten. Deshalb eilte Phaëthon zornentbrannt zum Himmel, dem Haus seines Vater, und sprach: „Zeige meinen Freunden, die meine Worte nicht achten, dass du selbst mein Vater bist!" Da er die drohende Gefahr nicht bemerkte, versprach Sol dies aus Liebe zu dem jungen Mann (bewegt von Liebe) sofort. Phaëthon aber verlangte voller Selbstvertrauen den Sonnenwagen des Vaters. Traurig gehorchte Sol seinem Sohn, der ihn immer wieder bat. Phaëthon aber ging grausam zugrunde, als er den Sonnenwagen lenkte.

(B) 1. a) Narcissus bestias capiens (z.B.: als Narziss Tiere fing / während Narziss Tiere fängt) b) iuveni amicos non videnti (z.B.: dem jungen Mann, der seine Freunde nicht sah / sieht) c) puerum aquam tangentem (den Jungen, der das Wasser berührt /

berührte 2. Ein Epos ist eine längere erzählende Dichtung in Versform. Homer verfasste die *Ilias* (Epos über den Trojanischen Krieg) und die *Odyssee* (Epos über die Abenteuer und die Irrfahrten des Odysseus). 3. a) ipso b) ipsis c) ipsa d) eiusdem e) eosdem f) eisdem / iisdem 4. a) Gen. obiectivus: die Furcht vor dem Tod, Todesfurcht b) Gen. obiectivus: die Liebe zu dir c) Gen. subiectivus: die Bewegung der Erde ~ Erdbeben 5. a) consumere: verbrauchen, verwenden b) premere (*PPP* pressus): drücken c) tangere (*PPA* tangens): berühren

15

(A) Die Schriftsteller sagen, dass Sokrates auf den Straßen von Athen die Menschen, die (ihm) begegneten, über ihr Leben befragt habe. Während seine Freunde rings herumstanden, brachte jener Mann diejenigen in Verwirrung, mit denen er diskutierte. Denn diejenigen, die glaubten, dass sie an Tugend viel galten, übertraf Sokrates durch seine Rede. Wenn er sie übertroffen hatte, suchte Sokrates mit den Gefährten andere Menschen auf. Als die Athener die Meinungen jenes Philosophen kennengelernt hatten, richteten sie Sokrates hin. Während / indem nämlich falsche Zeugen ihn beschuldigten, hatten sie behauptet, dass der Philosoph die Jugend (die jungen Männer) verdorben habe und die Götter missachte (nicht achte).
(B) 1. Im ersten Satz ist ein PPA Teil des Abl. abs.: die Feinde sind also die Handelnden, indem sie töten. Im zweiten Satz ist ein PPP Teil des Abl. abs.: es ist also eine abgeschlossene Handlung, zudem passiert etwas mit den Feinden. a) Während / als die Feinde töteten, wurden die Bürger von Furcht gequält. b) Nachdem die Feinde getötet worden waren, wurden die Bürger nicht mehr von Furcht gequält. 2. a) exercere: üben, trainieren; quälen b) resistere: stehenbleiben; Widerstand leisten 3. Oratione Socratis audita animi nonnullorum civium moti sunt. Sed inimici Socratem accusabant multis eius philosophiam damnantibus. 4. z.B.: Bestimmen die Götter oder das Schicksal das Handeln der Menschen? Was tun wir eigentlich, wenn wir denken? Wie sollte ein Staat aufgebaut sein? Woraus ist alles entstanden?

16

(A) „Die alten Schriftsteller (Verfasser) legen dar, dass die Erde eine Scheibe ist, die im Meer schwimmt. Ich aber sage euch, dass die Erde eine Kugel ist." Nachdem die Menschen diese Worte gehört haben, lachen sie und einer von ihnen ruft laut: „Die Dichter erzählen aber, dass die Sonne, nachdem sie von einem Gott über den Himmel bewegt wurde, in tiefer Nacht durch die Fluten schwimmt und dann die Menschen (wiederum) mit ihrem hellen Licht erfreut. Deshalb verehren wir die Sonne als Gott." Der Philosoph erhebt die Hände zum Himmel: „Die Furcht vor den Göttern ist groß und sie bedrückt die Herzen (Geister) der Menschen. Tatsächlich bereiten die Götter den Menschen Unglück *(Pl.)*." Nach dieser Äußerung (Nachdem er diese Meinung gesagt hat,) füllt sich das Forum mit Geschrei. Nachdem viel gesprochen wurde, denken einige über die Worte des Philosophen nach, einige rufen Beamte und Priester herbei. Der Philosoph (sagt): „Glaubt mir! Wenn ihr die Furcht vor den Göttern beendet, wird sich das (euer) Leben ändern."

(B) 1. a) Gen. subiectivus b) Gen. obiectivus 2. Die Menschen nehmen alles als von den Göttern gegeben hin (1). Sie erklären alles mit dem Willen der Götter (2). Es besteht keine Notwendigkeit, Dinge, Zustände, Ereignisse zu hinterfragen (3). Die Furcht vor den Göttern hindert die Weiterentwicklung (4) und hemmt den Fortschritt (5), Naturgesetze werden z.B. nicht erforscht (6).

17

(A) Nachdem er sein Verbrechen erkannt hatte, stach sich Ödipus selbst die Augen aus und verließ Theben. Sofort stritten Polyneikes und Eteokles, die Söhne des Ödipus, um die Herrschaft über die Stadt. Nachdem er seinen Bruder vertrieben hatte, besaß Eteokles die Stadt. Polyneikes aber fand sieben mächtige Freunde in der Stadt Argos. Diese strebten, während von überallher Truppen zusammenkamen, nach Theben und rückten auf die Stadt zu. Da Theben von Eteokles befestigt worden war, begannen die Heere der Brüder den Krieg. Während Eteokles die Stadt verteidigte, bemühte sich Polyneikes die Mauern zu überwinden. Nachdem viele Soldaten getötet worden waren, lieferten sich die Brüder vor den Toren Thebens einen Kampf. Da aber beide Brüder im Kampf getötet wurden, verließen die Truppen der sieben Freunde den Kampfplatz und kehrten in die (ihre) Heimat zurück.

(B) 1. Fratribus necatis (occisis) Creon imperium urbis tenebat. Creonte vetante Antigona tamen corpus fratris condidit. Nam honestum esse deis parere putabat (existimabat). 2. a) Ödipus hatte unwissend seinen Vater getötet und dann seine Mutter geheiratet und mit ihr vier Kinder gezeugt. b) Polyneikes und Eteokles verletzten sich im verbissenen Zweikampf so sehr, dass beide ihren Wunden erlagen. 3. unter Hannibals Führung, auf Veranlassung Cäsars, gegen den Willen des Kaisers, unter dem Konsulat Ciceros

18

(A) Einst gelangte Jason mit seinen Gefährten, nachdem sie die große Reise beendet hatten, zu den Kolchern, über die Aietes herrschte. Von diesem wollte er das goldene Vlies nehmen, obwohl gewaltige Gefahren drohten (bevorstanden). Aber unter Führung Medeas, der Königstochter, nahm er alle Gefahren auf sich. Er tötete das Ungeheuer, das

das goldene Vlies bewachte. Nachdem er aber das Vlies geraubt hatte, floh er zusammen mit Medea aus dem feindlichen Land. Später wurden sie in der Stadt Korinth aufgenommen. Weil Jason seine Gattin vernachlässigte, indem er die Tochter des Königs von Korinth liebte, tötete Medea, von Wahnsinn ergriffen, die zwei Kinder, die sie von Jason hatte, und sie selbst verließ den verstörten Ehemann.

(B) 1. a) Quid Iason apud Colchos rapere voluit? b) Quis ei adfuit multis periculis instantibus? c) Ubi postea Iason cum Medea acceptus est? d) Medea: „Amatne Iason me? Nonne iam eius amorem amisi?" 2. res → rem → res → rerum → rei → re → rebus → rebus → rei 3. In beiden Geschichten wird aus Liebe Wahnsinn, da die Liebe nicht bzw. nicht mehr erwidert wird. Der zerstörerische Hass richtet sich mit seinen Folgen gegen die eigene Person. Auch Unschuldige (bei Medea die Kinder) werden hineingezogen.

19

(A) Während Polyphem seine Schafe auf den Feldern hütete (für seine Schafe sorgte), betrat Odysseus mit seinen Gefährten dessen Höhle. Nachdem sie die Höhle betrachtet hatten, fragten die Gefährten: „Welcher Mensch lebt hier? Warum sind alle Dinge so groß?" Kurz darauf kehrte Polyphem mit seinen Schafen in die Höhle zurück und verschloss den Zugang mit einem großen Fels. Als der riesige Kyklop die Griechen bemerkt hatte, ergriff er sofort zwei Gefährten des Odysseus und fraß sie auf. Deshalb dachte Odysseus nach: „Wie (auf welche Weise) werden wir fliehen? Werden die Gefährten mir die Treue halten?" Nachdem Polyphem von den Gefährten viel Wein erhalten hatte, gab er sich dem Schlaf hin. Dann stachen die Griechen mit einem Speer das Auge des Kyklopen aus. Obwohl er sein Auge verloren hatte, öffnete Polyphem dennoch die Höhle und schickte die Schafe auf die Felder. Der Kyklop hatte die Hoffnung nicht aufgegeben, die Griechen an der Flucht zu hindern. Die Griechen aber waren von Odysseus an den Schafen festgebunden worden. Deshalb bemerkte der blinde Polyphem nicht, dass die Griechen aus der Höhle flohen.

(B) 1. Die Abbildung zeigt, wie die Griechen den Speer vorbereiten (1), um damit das Auge des Kyklopen auszustechen (2) – oculum effoderunt (3). Polyphem ist betrunken (4) – multo vino ... dato (5). vgl. dazu das leere Gefäß (6) 2. a) metui, rei b) metus, res c) metuum, rerum

20

(A) Nachdem Troja von den Griechen erobert worden war (nach der Eroberung Trojas durch die Griechen), bemühte sich Äneas mit seinen Gefährten eine (die) neue Heimat aufzusuchen. Aber da unglückliche Umstände (ihm) hart zusetzten, wurde er ziemlich lange über (durch) durch die Meere hin und her geschleudert. Auf Veranlassung Junos wurden die Schiffe der Trojaner nach dem Tod des Vaters Anchises an die Küste Afrikas getrieben. Dort sind sie von Dido, der wunderschönen Königin der Stadt Karthago, aufgenommen worden. Und Äneas bewegte das Herz der Königin, indem er über sein Schicksal erzählte. Diese erkannte, dass jener tapferer war als (die) andere(n) Männer. Von Liebe entbrannt wollte sie ihn heiraten. Aber Äneas, der von sehr heftigem Schmerz bewegt war, gehorchte lieber Jupiters Befehlen und verließ Dido auf grausamste Weise. Später kamen die Schiffe der Trojaner zur Küste Italiens. Nachdem überaus heftige Schlachten geschlagen worden waren (nach überaus heftigen Schlachten), gab Äneas seinem Volk eine neue Heimat.

(B) 1. Saepe Aeneas piissimus appellatur. Vergilius eum fortiorem fuisse Achille (*oder:* quam Achillem) dicit. Nonnulli autem eum etiam improbum vocant. Confirmant neminem crudeliorem fuisse duce Troianorum (*oder:* quam ducem Troianorum). 2. Troja ist durch die List mit dem hölzernen Pferd erobert worden. | Der Erfinder des hölzernen Pferdes war Ulixes. | Äneas' Gattin Kreusa kam bei der Flucht aus Troja um. 3. Graeci fortiores erant Troianis. Achilles saevius pugnabat militibus Troianorum. 4. Abl. Sg. *m*: acri, acriore, acerrimo – Akk. Sg. *m/f*: gravem, graviorem, gravissimum, am – Adverb: longe, longius, longissime – Gen. Sg.: potentis, potentioris, potentissimi, ae – Adverb: vehementer, vehementius, vehementissime – Akk. Pl. *m*: caros, cariores, carissimos

21

(A) Lucius: Wann bist du hierher gekommen? – Eutyches: Mein Schiff liegt (ist) schon mehrere Tage im Hafen. Ich habe griechischen Wein bei mir. Dieses Jahr ist mein Wein sogar besser als im vorangegangenen (früheren) Jahr. Dennoch werde ich dir diesen sehr guten Wein zu einem geringeren (ziemlich geringen) Preis verkaufen, weil du mein Freund bist. – Lucius: Das höre ich ziemlich gern. Denn wenn du mir einen guten Preis machst, wirst du mir von Nutzen sein. Zugleich ist mir dein Wohlergehen (Glück) wichtig. Alles, was du wünschst, werde ich dir verkaufen. – Eutyches: Bestens! Aber was werde ich kaufen können? – Lucius: Sklaven! Dein Schiff wird, angefüllt mit sehr guten Sklaven, den Hafen schwerer verlassen, als es den Hafen erreicht (aufgesucht) hat. Aber die Sklaven kosten viel (sie sind teuer). – Eutyches: Dennoch werde ich deine Sklaven kaufen. Denn du hast mir niemals etwas teurer verkauft als die anderen Kaufleute. – Lucius: Das wird mir Ehre verschaffen.

(B) 1. magnus, maior, maximus – multos, plures, plurimos – parvi, ae, minoris, minimi, ae – saepe, saepius, saepissime – bono, a, meliore, optimo, a 2. a) Als die Feinde gegen die Verbündeten vorgingen, berieten die Senatoren untereinander über den Krieg. b) Zuerst befragte der Konsul seine Freunde, die anwesend waren. c) Die meisten wollten gegen die Feinde Maßnahmen ergreifen. d) Denn die Römer hatten immer gut für ihre Verbündeten gesorgt. 3. a) gaudio b) usui c) auxilio d) saluti 4. blühender Handel (zwei Märkte, Hafen), hohe Einwohnerzahl (200.000 Menschen), öffentliche Einrichtungen (sieben Thermen, Gymnasium, Theater, Stadion, Tempel, Wasserleitungen, Bibliothek)

22

(A) „Fürchte dich nicht, Tochter! Das Schicksal deines Sohnes und deines Volkes ist klar! Du wirst die Mauern einer Stadt sehen, die von deinem Sohn gegründet werden wird. Äneas, dein pflichtbewusster Sohn, wird in den Himmel erhoben werden. Höre nun! Dein Sohn wird in Italien einen ziemlich gewaltigen Krieg führen und wird allzu wilde Völker besiegen. Und Äneas wird durch Sitten und Mauern auch für die neue Stadt Sorge tragen. Dann wird dem Askanius das trojanische Volk am Herzen liegen; mit größter Kraft wird er viele Städte befestigen. Dieses Königreich, nachdem es durch viele Gebiete vergrößert wurde, wird lange als Heimat der Trojaner bezeichnet werden, bis Rhea Silvia die Söhne des Mars gebären wird, Remus und Romulus. Romulus wird die Stadt Rom gründen, die schöner als andere Städte sein wird und alle an Macht übertreffen wird. Rom wird sich als Hauptstadt des Erdkreises erweisen und deinem Sohn, dem Stammvater (Gründer) eines überaus tapferen Volkes, größte Ehre verschaffen."
(B) 1. vehementer, vehementius, vehementissime – fortis, fortioris, fortissimi, ae – infestis, infestioribus, infestissimis 2. Möglich sind Ereignisse wie: Hannibal als der größte Feind Roms – die beiden Gracchen – die Ermordung Cäsars – die Niederlage der Kleopatra – Augustus als princeps. (Die Ereignisse dürfen nur bis zu Augustus reichen!)

23

In Griechenland war es Frauen nicht erlaubt, die Olympischen Spiele zu besuchen; Aufgabe der Frauen war es nämlich, für das Haus zu sorgen. Es ist aber bekannt, dass sich einst Folgendes ereignet hat: Einer (gewissen) Mutter war es wichtig, ihren Sohn im Stadion laufen und siegen zu sehen; deshalb nahm sie aus Liebe zu ihrem Sohn die folgende Gefahr auf sich: Obwohl Wächter den Zugang beobachteten, betrat sie dennoch das Stadion. Weil sie Männerkleidung trug, hielten sie alle für einen Mann. Während die jungen Männer ihre Körper trainierten, betrachtete die Frau lange die Spiele. Nach dem Sieg ihres Sohnes über die Gefährten verließ sie, von großer Freude bewegt, sofort ihren Sitz, lief zu ihrem siegreichen Sohn – und verlor (dabei) ihre Männerkleidung. Nun wurde die Frau von den Männern erkannt; zuletzt wurde sie auf Veranlassung eines Wächters weggebracht.

24

(A) Die Gebäude waren von ungeheurer Größe und die Freunde, die aus verschiedenen Teilen des Reiches (Herrschaftsgebietes) kamen, wollten diese besichtigen. Dann suchten die Freunde das Denkmal des Celsus auf. Vedius, einer der Freunde (sagte): „Durch dieses Gebäude wird das Andenken (Erinnerung) an Julius Celsus, einen berühmten Bürger, bewahrt." Ein anderer Freund (fragte): „Wo aber ist jener großartige Tempel der Diana, der für eines der sieben Weltwunder gehalten wird?" Kurz darauf führte Vedius die Freunde zu dem Tempel. Vedius (erklärte): „Der Tempel, den ihr hier seht, ist auf den Fundamenten eines früheren Tempels errichtet (aufgestellt) worden. Vor vielen Jahren nämlich erlitten (ertrugen) die Bürger der Stadt großen Schmerz *(Pl.)*. Denn in tiefer Nacht betrat ein (gewisser) Mensch den Tempel und brachte Öl und Fackeln mit (trug ... zusammen). Da die Wächter des Tempels fest schliefen, war es diesem Gottlosen möglich, den Vorhang im Inneren in Brand zu stecken. Der Vorhang und andere Dinge nährten die Flammen; schließlich wurde der ganze Tempel vernichtet (zugrunde gerichtet).
(B) 1. die Pyramiden von Gizeh, die hängenden Gärten der Semiramis, der Zeustempel in Olympia, das Mausoleum von Halikarnassos, der Leuchtturm von Alexandria, der Koloss von Rhodos 2. a) ferebat b) fers c) tulimus d) feretur e) fer! f) latum est

25

(A) „Endlich bist du da, Sokrates. Wo bist du gewesen? Wenn ich die / eine Sklavin geschickt hätte, hätte sie dich sicherlich auf dem Marktplatz gefunden. Immer bedrängst du dort, nachdem du junge Männer (um dich) versammelt hast, andere Menschen mit Worten. Wenn du zu Hause mehr Arbeiten auf dich nehmen würdest (nähmest), hätten wir mehr Geld. Sklaven würden uns helfen und wir würden uns an einem größeren Haus erfreuen. Du aber vernachlässigst deine Pflichten, ja du bist sogar in aller Munde, weil die Bürger, die du beleidigst, zum Rat gehen und dich anklagen. Wenn Freunde dich nicht verteidigt hätten, wäre ich schon längst verlassen nach deiner Verurteilung. Sokrates, wohin gehst du (weg)? Hast du denn nicht gehört, was ich gesagt habe? Bleib stehen! Bleib zu Hause! ..."
(B) 1. a) Irrealis der Gegenwart: subires, esset, adessent, delectaremur b) Irrealis der Vergangenheit: misissem, invenisset, defendissent, deserta essem 2. a) Dass er sich auf dem Marktplatz herumtreibt und nicht seinem Beruf nachgeht. Weiterhin kritisiert sie, dass er die Leute durch seine Äußerungen gegen sich aufbringt, sodass er mit einer Verurteilung rechnen muss. b) Sokrates geht wichtigen Fragen, den sog. Sinnfragen nach. Materielles ist demgegenüber unwichtig. Da er sich selbst immer als Unwissenden hinstellt und seine Gesprächspartner, die angeblich Wissenden, mit Fragen in die Enge treibt, wird er sich keiner Schuld bewusst sein. 3. a) pes b) rarus c) cantare d) sin-

gulus e) mollis f) auferre g) avertere h) memoria 4. a) vocares, vocavisses b) audi-
remus, audivissemus c) vellet, voluisset d) monerent, monuissent e) ageretur, ac-
tum esset f) caperetis, cepissetis g) essemus, fuissemus h) irent, issent i) ferrem,
tulissem j) nolletis, noluissetis

26

(A) „Ich heiße Miraculix. Ich bin Druide in derjenigen Gegend Galliens, die von Cäsar
nicht erobert worden ist, wie manche bestätigen. Die Druiden, die mit großer Würde
leben, kümmern sich sowohl um die heiligen Dinge als auch die (Gerichts-)Urteile (Den
Druiden ... sind ... wichtig). Deren Urteile gelten viel: Alle meiden (fliehen) einen Mann,
der dem Urteil der Druiden nicht gehorcht. Ja, wenn einer so einem Menschen helfen
würde, würde er selbst verurteilt werden. Ich für meinen Teil stehe in höchstem Ansehen
(Ehre) bei den Menschen aller Stände unseres Stammes (Volkes). Denn ich allein kann
bei drohender (bevorstehender) Gefahr den Zaubertrank (zu)bereiten."
(B) 1. a) 1. Sg. Ind. Perf.: defui b) 2. Sg. Ind. Plusqpf.: afueras c) Inf. Perf. potuisse
d) 2. Sg. Ind. Präs.: ades e) 3. Sg. Fut.: praeerit f) 1. Pl. Ind. Perf.: potuimus g) 3. Pl.
Konj. Impf.: essent h) 3. Pl. Ind. Präs.: intersunt 2. Hannibal schlug als Feldherr viele
Schlachten gegen die Römer. b) Denn als Junge hatte er versprochen: Niemals werde
ich ein Freund der Römer sein. c) Derselbe kämpfte in Italien immer als Sieger (sieg-
reich). d) Als alter Mann aber wurde er bei Zama von Scipio besiegt. 3. a) Leistungs-
fähigkeit b) Machthaber c) erhöhen, steigern d) Möglichkeit, Kraft, Zeugungsfähigkeit
e) unfähig, untüchtig, zeugungsunfähig f) möglich, denkbar 4. Gesellschaftliche
Aspekte: Rechtskunde – Rechtsprechung – Erziehung | Religiöse Aspekte: Gottesdienst
und Opferzeremonie

27

(A) Wenn Cäsar nicht als Feldherr nach Gallien gekommen wäre, wüssten wir vieles
nicht über die Sitten der Einwohner. Dieser Mann von hervorragender Begabung stand
an der Spitze eines großen Heeres und eroberte innerhalb einiger Jahre den größten Teil
dieses Landes. So haben wir erfahren (kennengelernt), dass es zwei Arten von Adeligen /
Vornehmen gab, denen die Menschen aus dem (einfachen) Volk helfen und gehorchen
mussten: Ritter (Reiter) und Druiden. Aufgabe der bewaffneten Ritter (Reiter) war es,
die Heimat vor Feinden zu schützen. Den Druiden aber, die ein frommes Leben führten,
gehorchte das (einfache) Volk in allen anderen Dingen. Wenn jemand deren Urteil
Widerstand leistete, konnten die Druiden ihn verurteilen.
(B) 1. imponeretur: er (sie, es) würde eingesetzt werden → impositus, a, um esset |
nollem: ich würde nicht wollen → noluissem | ferres: du würdest bringen, tragen →

tulisses 2. Blütezeit unter Kaiser Hadrian (117-138 n.Chr.) | bedeutende Hafenstadt an der Ägäisküste | Tempel der Artemis / Diana 3. a) Wo in aller Welt bist du gewesen? → Genitivus partitivus b) (Die) Spiele machen (den) Kindern Freude. (... gereichen den Kindern zur Freude) → Dativ des Zwecks 4. a) finibus (Cäsar hält die Feinde von den Grenzen fern.) b) imperatorem (Die Römer machten Cäsar zum Befehlshaber / Feldherrn.) c) provinciae (Cäsar sorgte gut für die Provinz.) 5. a) corrumpere: bestechen, verderben b) resistere: Widerstand leisten c) furor: Wahnsinn, Wut

28

(A) Im Stamm (Gemeinde) der Häduer hatte Dumnorix großen Einfluss (galt viel). Durch die Ankunft Cäsars verwirrt, bat er die Helvetier um Hilfe, um die Römer aus Gallien zu vertreiben. So groß war sein Ansehen bei den Häduern und den benachbarten Stämmen, dass er große Truppen für sich gewann. Von Kühnheit getrieben hatte er sein Vermögen („seine Dinge") so vermehrt, dass er, nachdem er die anderen Anführer bestochen hatte, große Macht hatte. Als Cäsar davon erfahren hatte, kam er zu den Häduern, um gegen Dumnorix, da er nach Umsturz strebte, vorzugehen. Aber Divitiacus, der Bruder des Dumnorix, intervenierte und sagte: „Cäsar, ich bitte dich, meinen Bruder zu schonen. Obwohl du weißt, dass er den Römern feindlich (gesinnt) ist, berücksichtige (du) dennoch meine Treue. Ich wünsche, dass mein Bruder nicht hingerichtet wird."
(B) 1. Begehrsatz: ut Romanos ... pelleret – ut fratri parcas – ne frater supplicio detur | Finalsatz: ut in Dumnorigem ... vindicaret | Konsekutivsatz: ut magnas copias sibi adiungeret – ut ... multum posset 2. voco → vocem → vocarem → vocaremus → vocabamus → vocabimus → vocabitis → vocabimini → vocaberis → vocatus es → vocavisti → vocavit → vocaverunt → vocaverant → vocavissent → vocavissem 3. a) adversativ (während) b) temporal (als) oder kausal (weil, da) c) kausal (weil, da) d) konzessiv (obwohl) 4. a) kämpfen b) behaupten c) eilen d) sich anstrengen

29

(A) Als edle Männer aus Gallien Ehren(stellungen) und Ämter anstrebten, verhandelten die Senatoren darüber mit unterschiedlichen Äußerungen. Einige meinten, dass die Gallier so verdorben seien, dass (nur) wenige der Ehre eines Senators würdig seien. Sie fügten hinzu, dass es ein Übel sei, dass andere Stämme Italiens den Senat bereits vergrößert hätten. Von diesen und anderen Worten nicht beeindruckt (beunruhigt), erhob sich der Kaiser und sagte: „Behaltet im Gedächtnis, dass meine Vorfahren sabinischen Ursprungs in die römische Bürgerschaft (Staat) aufgenommen wurden. Diese ermahnen mich, dass ich das gesamte Reich regiere und für alle Menschen sorge. Ich weiß genau, dass großartige Männer aus vielen Gemeinden des Reiches in den Senat aufgenommen worden sind. Sie wollen uns helfen, dass das Ansehen des Senates vergrößert wird. Ihr wisst, dass unser Herrschaftsgebiet vergößert worden ist, sodass wir sehr viele Völker in unseren Staat aufgenommen haben. Wenn unsere Vorfahren dies nicht beschlossen hätten, dienten sie unseren Nachfahren nicht als Beispiel."

(B) 1. venio, veniam, venirem, venissem – paras, pares, parares, paravisses – ferimus, feramus, ferremus, tulissemus – discit, discat, disceret, didicisset 2. possim → possem → possemus → potuissemus → potuissetis → potueratis → ihr hattet gekonnt 3. Der Kaiser sieht die Integration als Bereicherung an (1), die sich zum Nutzen (2) des römischen Volkes auswirkt. Er verweist auf bereits vorgenommene Aufnahmen von Angehörigen fremder Völker in den Senat (3), nennt seine eigenen Vorfahren als Beispiel (4). Hierzu zählt er sich selbst (5).

30

(A) Hatto: Ich frage dich, ob jemand diese hervorragende Stadt (Gemeinde) kritisieren kann. – Poppo: Ich bestätige (bekräftige) deine Äußerung. Aber ich weiß nicht, ob die Bürger die Taten der Kaiser loben oder kritisieren. – Hatto: Zweifelst du, ob die Menschen, die hier leben, zufrieden sind? Weißt du etwa nicht, wie (auf welche Weise) sie früher gelebt haben? Betrachte die hohen Mauern der Stadt, die großen Häuser und die schönen Straßen! Welch großartigen Anblick bieten die Theater, das Amphitheater und die Thermen! – Poppo: Ich leugne (es) nicht. Im Gegenteil, die gewaltigen Tore der Stadt lehren, wie groß sowohl die Macht als auch die Sorge des Kaisers sind. Denn nachdem Frieden geschlossen (gemacht) ist, leben alle in Ruhe. Aber einige fragen, ob sie frei sind oder Sklaven der Römer. – Hatto: Diese behalten nicht mehr im Gedächtnis, wie viele (große) Gefahren ihre Vorfahren gefürchtet haben, während sie in kleinen Dörfern ein trauriges Leben fristeten (führten). Wir heutzutage leben (sind) sicher.

(B) 1. indirekte Wortfrage: quo modo ... vixerint – quanta sit ... imperatoris – quanta pericula timuerint | indirekte Satzfrage: num quis ... possit – num ... contenti sint? | indirekte Wahlfrage: civesne ... laudent an reprehendant – liberi sint an servi Romanorum 2. a) pro-römisch: hanc egregiam civitatem – vocem tuam confirmo – res gestas imperatorum laudent – specta ... praebent – Immo ... vivunt – nos hodie tuti sumus | anti-römisch: reprehendant – homines ... contenti sint – liberi sint an servi Romanorum b) Beide sind pro-römisch eingestellt. Aber während Hatto die Bauten und Einrichtungen und die Sicherheit hervorhebt, weist Poppo auf unzufriedene Stimmen hin, die den Verlust der Freiheit bedauern, auch wenn er selbst Ruhe und Frieden lobend betont. 3. Präs.: audis, audias, audiris, audiaris | Impf.: audiebas, audires, audiebaris, audireris | Fut. I: audies, –, audieris, – | Perf.: audivisti, audiveris, auditus es, auditus sis | Plusqpf.: audiveras, audivisses, auditus eras, auditus esses 4. a) ars: Eigenschaft, Fertigkeit, Kunst b) quantus: wie groß, wie viel c) auctoritas: Ansehen, Einfluss, Macht d) licentia: Freiheit, Willkür e) princeps: der Erste, der führende Mann f) referre: berichten g) perficere: erreichen, fertig stellen, hervorbringen h) efficere: bewirken, herstellen

31

(A) „Alle Römer befinden sich jetzt auf dem Forum, um Kaiser Augustus zu danken. Als dieser nämlich und Marcus Antonius um die Herrschaft stritten, war die Sorge der Bürger so groß, dass viele verzweifelten. Denn wer von euch – erschreckt durch die Überheblichkeit der Feldherrn – fürchtete nicht, dass durch die grausamen Kämpfe die Freiheit des gesamten Staates vernichtet würde? Nachdem aber die Flammen des Bürgerkrieges gelöscht waren, sahen die Bürger der Stadt Rom, von welch großer Vortrefflichkeit (Tüchtigkeit) und Zuverlässigkeit Augustus war. Jetzt leben die Menschen im gesamten Gebiet in (mit) Frieden, da der Kaiser dafür sorgt, dass genug Getreide nach Rom importiert (hineingebracht) wird."
(B) 1. a) um (final) b) dass (abhängiger Begehrsatz) c) ob (indirekte Satzfrage) 2. a) Civis quaerit, gloriane imperatoris magna sit. b) Civis quaesivit, quanta virtute ille in bello fuisset. 3. Anapher, Trikolon (tua aetate ..., tua cura ..., tua virtute), Apostrophe (... imperator ...) 4. a) testis: Zeuge b) centum: hundert 5. Colonia Augusta Treverorum – Lage an der Mosel: Handelsplatz für die Versorgung der römischen Truppen, die die Reichsgrenze (Rhein und Limes) gegen die Germanen sicherten. – Kaiserthermen, Porta Nigra (Abb.!), Palastaula (Konstantinsbasilika)

32

(A) „Ihr wisst genau, dass die Römer alles verwüsten und die Welt gewaltsam an sich reißen. Wenn der Feind reich ist, sind diese gierig, wenn der Feind arm ist, streben sie nach Ehre. Alles, was wir Verbrechen nennen, bezeichnen diese mit falschen Namen als „Befehlsgewalt", und sobald diese alles vernichtet haben, nennen sie es „Frieden". Ich frage euch, welche Menschen uns von Natur aus lieb (wertvoll) sind – unsere Kinder und Verwandten. Aber diese werden geraubt (weggebracht), um in die Sklaverei geführt zu werden. Ich frage euch, warum ihr die Hoffnung auf Rettung aufgegeben (weggenommen) habt; sagt mir, warum ihr, denen sowohl Tapferkeit als auch Ruhm immer wertvoll waren, den Mut habt sinken lassen! Hier ist ein Anführer, hier ein Heer, hier ist das freie Britannien – dort sind Abgaben, Sklaverei und Tod! Geht in die Schlacht und denkt an eure Vorfahren und Nachkommen!"
(B) 1. Die Römer verwüsten alle Landstriche (1). Sie rauben die Unterworfenen aus (2). Ungerechte Herrschaft, Unterdrückung (3). Der Frieden der Römer bedeutet in Wahrheit Zerstörung und Vernichtung (4). Die Römer führen Besiegte in Sklaverei (Habgier) (5).

Ausbeutung der Besiegten (Steuern) (6) 2. Die Römer vernichten nur, was ihnen Widerstand leistet (1). Menschen, die sich ergeben, werden schonend behandelt (2). Mit ihrem imperium bringen die Römer die Errungenschaften ihrer Zivilisation (3), z.B. Straßen, Baukunst, Wasserleitungen, Verwaltung (4). In die Sklaverei werden nur die geführt, die sich widersetzen (5). Das Imperium bietet vor allem Schutz vor äußeren Feinden (6). 3. Si hostes dives est, isti ... (Parallelismus, Anapher, Asyndeton) | Hic dux, hic exercitus, hic Britannia libera ... (Parallelismus, Anapher, Trikolon)

33

(A) Lehrer: Seid gegrüßt, Kinder! Aber was ist? Ihr sollt aufstehen, wenn ich komme! – Kinder: Sei gegrüßt, (Herr) Lehrer! Sei nicht streng (wütend)! – Lehrer: Ich muss streng sein, weil ihr euch nicht bemüht zu lernen. – Julia zur Freundin: O wenn ich doch die Vokabeln gelernt hätte! – Freundin: Ich wüsste die Vokabeln, wenn ich genug Zeit gehabt hätte. – Lehrer: Alle sollen schweigen! Hoffentlich seid ihr bereit! Claudia, hoffentlich hast du die Vokabeln gelernt! – Claudia: Ich habe meine Pflichten vernachlässigt. Ich bitte um Verzeihung! – Markus: O wenn doch das Ende des Unterrichts da wäre! – Lehrer: Lasst uns jetzt an das Buch herangehen! Lies, Rufus! – Rufus: Was? Ich habe nicht auf deine Äußerung gehört. (Ich habe den Geist nicht auf deine Äußerung gewandt.) – Lehrer: Die Kinder sollen immer ihre Sinne auf die Stimme des Lehrers richten! Lasst uns nun anfangen zu lesen! Sonst werdet ihr nichts lernen.
(B) 1. a) adeamus, incipiamus b) taceant, vertant c) scirem d) fuisset e) surgatis, sis, sitis f) didiceris g) adesset h) didicissem 2. Iulia ad amicam – Amica – Marcus 3. a) Trier b) Regensburg c) Augsburg d) Mainz

34

(A) Segestes sprach in Erinnerung an das gute Bündnis folgende Worte: „Seit jener Zeit, als Kaiser Augustus mich zu einem römischen Bürger gemacht hat, sagte ich immer, dass ich niemals mit dem römischen Volk Krieg führen werde, weil mir der Frieden sehr wichtig war. Wenn doch Varus meine Worte verstanden hätte! Dann habe ich gefordert, dass Arminius und seinen Verbündeten Fesseln angelegt werden, aber ich habe vergeblich gehofft. Wenn jene Nacht doch meine letzte gewesen wäre! Denn ich wurde von Arminius gefangen genommen und habe sehr viele Schmerzen ertragen. Sobald ich gehört hatte, dass du und deine Truppen nach Germanien kommen werden, bin ich zu dir gekommen, nicht weil ich eine Belohnung erwarte, sondern weil ich Frieden zwischen Germanen und Römern schließen will. Der Kaiser soll beschließen, ob meinem Volk Verderben bevorsteht oder ob wir mit den Römern Freundschaft schließen. Lasst uns die Waffen niederlegen!"

(B) 1. a) intellegens, intellecturus b) movens, moturus c) faciens, facturus d) mittens, missurus 2. a) erfüllbar b) unerfüllbar c) unerfüllbar d) unerfüllbar 3. Segestes führt als Gründe an: Verpflichtung als römischer Bürger zur Unterstützung (1), Aufrechterhaltung des Friedens (2) bzw. neues Friedensbündnis zwischen Römern und Germanen (3).

35

(A) Tacitus erzählt, dass sich Arminius, der aus dem Stamm der Cherusker stammte, dem Heer der Römer angeschlossen und mehrere Jahre eine Schar der Hilfstruppen geführt hat. Als derselbe die römischen Verhältnisse kennengelernt hatte, kehrte er zu seinem Stamm zurück, um gegen seine einstigen Verbündeten zu kämpfen. Nachdem er die Cherusker veranlasst hatte, den Römern Widerstand zu leisten, gewann er für sich viele Stämme der Germanen, um die Feinde anzugreifen. Als Varus, der an der Spitze des römischen Heeres in Germanien stand, das gehört hatte, überschritt er, nachdem drei Legionen versammelt worden waren, den Rhein, um die Germanen durch eine Demonstration der römischen Macht in Verwirrung zu bringen. Damals rückte ein gewaltiger Heereszug der Römer durch die riesigen Wälder Germaniens bis zum Teutoburger Wald vor, wie Tacitus behauptet. Nachdem Arminius ihnen aber eine Falle gestellt hatte, bestürmte er immer wieder die römischen Truppen so, dass sie erschüttert den Mut sinken ließen und von den Germanen eine sehr große Niederlage empfingen. Da Varus eingesehen hatte, dass sein Heer umkommen werde, tötete er sich selbst. Wenige Römer konnten diesem Unglück entkommen. Als Augustus dies gemeldet worden war, wurde er so sehr erschüttert, dass er rief: „Varus, Varus, gib mir die (meine) Legionen zurück!" Aber dieser Sieg brachte dem Sieger kein Glück. Denn Tacitus überliefert, dass Arminius wenig später von Vertrauten, die von Neid erfüllt waren, getötet worden ist.

36

(A) Karl war von großer Beredsamkeit und es war ihm möglich, auf angenehme Weise auszudrücken (zu sagen), was er wollte. Er bemühte sich, Sprachen zu lernen, weil er mit seiner Muttersprache („heimischen, väterlichen Rede") nicht zufrieden war. Er lernte die lateinische Sprache so, dass er in jener und in der Muttersprache auf gleiche Weise beten konnte. Auch die griechische Sprache übte er, aber er konnte die griechischen Worte nur verstehen, nicht sprechen. Sorgfältig bemühte er sich auch um die Wissenschaften. So geschah es, dass die Lehrer der Wissenschaften sehr geehrt wurden. Er lernte Grammatik, indem er großartige Lehrer hörte. Viele Jahre lang versuchte sich Karl in der Kunst des Schreibens. Deshalb legte er die Schreibtafeln beim Schlafen unter sein Kopfkissen, um, wenn Zeit war, seine Hand durch das Schreiben von Buchstaben zu trainieren, aber er machte wenig Fortschritte.

(B) 1. Sehr wichtig war es für Karl, die Fremdsprachen seiner Zeit zu lernen (1), Latein und Griechisch (2). Dazu kamen die in seiner Zeit wichtigen „Schulfächer" (artes liberales / litterae) (3). Besonders beschäftigte er sich mit Rhetorik (4), um seine Beredsamkeit zu vervollkommnen (5). Schreiben konnte Karl allerdings kaum (6). 2. Alle gelehrten Menschen seiner Zeit, auch die Geistlichen, sprachen Latein und Griechisch (1). Um sie zu verstehen und „mitreden" zu können (2), bemühte sich Karl darum. Außerdem erhielt er dadurch Kenntnisse in allen gängigen Wissenschaften und in der Literatur (3). Dadurch wurde er unabhängig von anderen (4). 3. fit, facta erant, fiebant, fiat

37

In dieser Zeit hatte Petrus, der Apostel Christi, mit seinem Gefährten Nazarius Rom aufgesucht, um zu seinen christlichen Brüdern zu gehen. Als die Freunde des Petrus die Gefahr bemerkt hatten, gaben sie ihm den Rat, Rom zu verlassen. Auf der Via Appia fragte Petrus, als er mit Nazarius unterwegs war, seinen Gefährten: „Siehst du jenen Glanz, der auf uns zukommt?" „Ich sehe nichts", antwortete Nazarius. Aber Petrus: „Wer kann zweifeln, dass der Herr im Licht der Sonne erschienen ist?" Plötzlich fiel Petrus auf die Erde und rief mit großer Freude: „Christus, Christus, sag mir, was soll ich tun? Verlasse mich nicht!" Nachdem der Apostel lange geschwiegen hatte, rief er wiederum: „Wohin gehst du, Herr?" Christus antwortete: „Weil du mein Volk verlassen hast, werde ich nach Rom gehen, um wiederum gekreuzigt zu werden!" Kurz darauf erhob sich Petrus und kehrte nach Rom zurück. „Wohin gehst du, Herr?", fragte Nazarius. Petrus antwortete: „Nach Rom."

38

(A) Saturninus: Wenn ihr zur guten Gesinnung (Verstand!) zurückkehrt, könnt ihr die Nachsicht (Verzeihung) unseres Herrn Kaisers erreichen. – Speratus: Wir haben kein Verbrechen begangen. Im Gegenteil, obwohl wir Verbrechen erlitten (erhalten) haben, haben wir gedankt. – Saturninus: Auch wir sind religiös. Unsere Religion ist einfach. Wir schwören beim Namen unseres Kaisers und für sein Wohlergehen treten wir demütig bittend vor die Götter. Dies müsst auch ihr tun. – Speratus: Schenke unserer Religion Gehör! – Saturninus: Dir, der du Falsches über unsere Gottesdienste (Opfer) behauptest, werde ich kein Gehör schenken; sondern schwöre lieber beim Namen unseres Herrn Kaisers! Bist du bereit, unsere Götter zu verehren? – Speratus: Ich muss diesem Befehl Widerstand leisten. Ich gehorche mehr jenem Gott, den kein Mensch (keiner der Sterblichen) gesehen hat noch mit diesen Augen sehen kann. – Saturninus: Gib dem Kaiser die Ehre! – Speratus: Ehre dem Cäsar, Furcht aber Gott. – Saturninus: Demütig bittend mögest du auf das Standbild des Kaisers zugehen und dabei Weihrauch und Wein opfern (geben)! – Speratus: Ich kann nicht. Ich bin bereit zu sterben (zum Tod).

(B) 1. a) durch das Lesen von Ciceros Buch (attr. Gerundivum) b) bereit zum Einrichten / Unterrichten (Gerundium) c) begierig, Denkmäler anzuschauen (Gerundium) d) die Bemühung / der Eifer, ein Buch zu lesen (attr. Gerundivum) e) den Tempel aufsuchen, um die Götter zu verehren (attr. Gerundivum) f) beim Briefeschreiben (attr. Gerundivum) g) durch Ermahnung der Kinder (Gerundium) 2. a) servi vocantis (PPA: Gen. Sg. *m*), servis vocandis (attr. Gerundivum: Dat. / Abl. Pl. *m*), servum vocatum (PPP: Akk. Sg. *m*) b) exigentem (PPA: Akk. Sg. *m/f*), exactum (PPP: Akk. Sg. *m/n* od. Nom. Sg. *n*), exigendo (Gerundium: Abl. Sg.), exegistis (2. Pl. Ind. Perf. Akt.) c) peccando (Gerundium: Abl. Sg.), peccantes (PPA: Nom. / Akk. Pl. *m/f*), peccata (PPP Nom. / Akk. Pl. *n*) 3. a) sachlich und nüchtern b) Die Römer stellen das Einfache des Tuns heraus (simplex est religio nostra): Man muss nur dem Kaiser gegenüber seine Loyalität nachweisen, eben durch die Verehrung des Kaiserbildes; gerade das aber bedeutet für den Christen, sich mit Gesten und Ritus einem Menschen zu nähern, die nur Gott allein zustehen. c) Immo sceleribus acceptis gratias egimus. – Magis illi Deo pareo, quem ... potest. d) Huic imperio mihi resistendum est. – Non possum (zu ergänzen: simulacrum imperatoris supplex adire ture ac vino dando).

39

(A) Einige Schriftsteller überliefern, dass es unter Kaiser Claudius einen römischen Priester gab, der den Gott der Christen verehrte. Als Claudius dies vernommen hatte, befahl er, dass jener Mann namens Valentin(us) herbeigeholt werde. Nachdem er vom Kaiser gefragt worden war, wie hoch er die römischen Gottheiten einschätze, antwortete er, sie seien Dämonen. Von Zorn entflammt rief Claudius: „Du musst zu den alten römischen Göttern zurückkehren." Aber Valentin (erwiderte): „Das würdest du nicht von mir fordern, wenn du die Herrlichkeit (den Ruhm) des wahren Gottes kenntest und einsähest, dass Christus der Sohn Gottes ist." Darauf wurde Valentin auf Veranlassung des Claudius angeklagt. Der Richter Asterius aber sagte: „Wenn dein Christus das Licht ist, wie du behauptest, muss ich zuerst sehen, ob meine blinde Tochter von ihm das Augenlicht wiederbekommt." Und siehe, als Valentin betete, bekam die Tochter des Asterius das Augenlicht zurück. Als Claudius gehört hatte, dass Asterius und dessen Familie getauft worden waren, rief er: „Alle müssen ins Gefängnis geworfen werden, Valentin aber muss getötet werden."

(B) 1. a) attr. Gerundivum b) präd. Gerundivum c) Gerundium d) präd. Gerundivum e) Gerundium f) attr. Gerundivum 2. a) laudare b) laudari c) laudavisse d) laudatum esse e) laudaturum esse f) laudandi g) laudandus, a, um h) laudans i) laudatus, a, um j) laudaturus, a, um 3. a – b – d – e

40

(A) „Ich habe (noch) niemals an Prozessen über Christen teilgenommen; deshalb weiß ich nicht, was ich fragen oder bestrafen muss. Bei den Prozessuntersuchungen habe ich gezweifelt, ob derjenige, der nicht mehr Christ ist, Nachsicht (Verzeihung) erlangen oder verurteilt werden soll. Ich weiß nicht, ob der Name selbst bestraft werden muss oder die Verbrechen, die Christen begangen haben. Inzwischen habe ich den Prozess gegen die, die angeklagt wurden, so geführt: Ich habe sie selbst gefragt, ob sie Christen sind. Diejenigen, die eingestanden haben, dass sie Christen sind, habe ich immer wieder gefragt. Wenn sie bekräftigten, dass sie Christen sind, dann glaubte ich, sie mit der Hinrichtung bestrafen zu müssen. Bürger, die sagten, dass sie keine Christen seien oder nie gewesen seien, und die Götter verehrten und deinem Bild opferten und Christus verfluchten, glaubte ich freilassen (entlassen) zu müssen. Denn ich habe gehört, dass wahre Christen diese Sachen nicht tun."
(B) 1. Vorgehensweise von Plinius: strenge Befragung (1), mehrfache Wiederholung der Frage (2), bei Bejahung der Frage folgt die Todesstrafe (3), bei Verneinung der Frage müssen folgende Beweise erbracht werden: Verehrung des Kaisers durch Opfer (4) und Verfluchung Christi (5). Dies würde ein verus Christianus niemals tun (6). 2. a) defendi: 1. Pers. Perf. Akt Ind. bzw Inf. Präs. Pass.; sonst nd-Formen b) fere *Adv.* beinahe; sonst Formen von ferre c) interest von interesse; sonst Adverbien

41

Von Jugend an habe ich die Gesetze und Sitten meines Volkes immer befolgt und ein frommes Leben geführt. Immer bin ich gegen die Gottlosen vorgegangen, weil sie unsere Religion (Glauben) nicht fürchteten. Ich habe mich für gerecht gehalten und, als ich nach Jerusalem gekommen war, habe ich viele von denen, die Jesus verehrten, bei den Richtern angeklagt. Die Christen erlitten viel Unglück und starben elend. Später ging ich weiter in andere Städte, um Christen zu suchen und zu verurteilen. Nachdem ich nach Damaskus aufgebrochen war, sah ich plötzlich auf der Straße ein Licht, das mich und meine Gefährten umgab. Als wir alle auf die Straße gestürzt waren, hörte ich, wie eine Stimme vom Himmel herab sprach: „Saulus, Saulus, warum bedrängst du mich?" Ich wunderte mich über diese Stimme und fragte: „Wer bist du, Herr?" Die Stimme sagte: „Ich bin Jesus, den du verfolgst. Aber steh auf, denn ich werde dich zu meinem Diener machen!" Seit dieser Zeit nenne ich mich Paulus und folge der Lehre Christi.

42

(A) Als Pyrrhus, der König von Epirus, nach erfolgreichen Schlachten die meisten Teile

Italiens erobert hatte, ging Timochares, ein Freund des Königs, zum Konsul Gajus Fabricius und versprach, dass er, wenn er von den Römern eine Belohnung empfangen hätte, den König mit Gift töten würde; er sagte, dass dies leicht geschehen könne, weil sein Sohn dem König und dessen Gästen den Wein zu reichen pflege. Diese Sache schrieb Fabricius an den Senat. Der Senat aber schickte zum König Gesandte mit folgendem Brief: „Die römischen Konsuln grüßen König Pyrrhus. Wir sind, da wir durch deine Gewalttaten heftig betroffen worden sind, im Begriff mit dir Krieg zu führen. Aber wir wollen, dass du gesund bist, damit wir dich mit Waffen besiegen können. Zu uns eilte Timochares, dein Vertrauter, der für sich von uns eine Belohnung erbat, wenn er dich getötet hätte. Wir haben dies verweigert, im Gegenteil, wir haben geantwortet, dass wir dich darüber benachrichtigen werden, weil es uns nicht gefällt, gegen Feinde mit Geld / Preis oder Listen zu kämpfen. Wenn du dich nicht hüten wirst, wirst du (unter)liegen. Leb wohl!"

(B) 1. a) iniuriis tuis: Ablativus causae   b) armis: Abl. instrumentalis   c) vinum: Akkusativobjekt d) regi eiusque hospitibus: Dativobjekt e) consulem: Akkusativobjekt f) veneno: Abl. instrumentalis g) nobis: Dativobjekt h) pretio aut dolis: Abl. instrumentalis 2. 1g – 2r – 3c – 4q – 5j – 6a – 7b – 8i – 9p – 10k – 11o – 12l – 13m – 14n – 15h – 16f – 17d – 18e 3. Die Römer wurden zwar von Pyrrhus bedrängt. Obwohl sich aber eine Gelegenheit bietet, diesen Feind loszuwerden, nehmen sie diese ehrlose Gelegenheit nicht wahr. Auch im Krieg sollen Gebote der Fairness eingehalten werden wie bei einem Zweikampf.

43

(A) Einst war keine griechische Stadt berühmter als Syrakus. Im 3. Jh. v.Chr. bemühten sich die Römer diese überaus mächtige Stadt zu erobern. Nachdem sie große Truppen versammelt hatten, schlossen die Römer die Stadt mit einem Heer und Schiffen ein und griffen die ziemlich hohen Mauern der Stadt an. Sie hätten diese sicherlich genommen, wenn nicht Archimedes, ein hochgelehrter Mann, Syrakus gegen die Angriffe der Feinde verteidigt hätte. Dieser Mann befahl den Bürgern, die von ihm erfundenen Maschinen auf die Befestigungen zu stellen. Unter Archimedes' Führung wurden die anstürmenden Feinde durch die Maschinen, die Wurfgeschosse schleuderten, und durch die (Hohl-) Spiegel, die das Sonnenlicht einfingen und die Segel der Schiffe in Brand setzten, lange von den Stadtmauern abgehalten. Nachdem die Stadt endlich erobert worden war, rückten die römischen Soldaten, wie es zu geschehen pflegte, durch die Straßen von Syrakus vor, um Feinde, die zum Widerstand bereit waren, zu töten. Einer von ihnen ging in den Garten des Archimedes, wo er sah, dass der gelehrte Mann Figuren in den Staub schrieb. Und der alte Mann rief, da er von dem Soldaten gestört wurde: „Störe nicht meine Kreise!" Über diese Worte erzürnt tötete der Soldat jenen hochberühmten Mann mit dem Schwert.

(B) 1. Der Hase (sprach) zum Fuchs: „Ich bin größeren Ansehens würdig als du. Denn ich übertreffe dich bei weitem durch die Schnelligkeit der Füße." Darauf (sagte) der Fuchs: „Aber ich habe einen schärferen Verstand, mit dem (aufgrund dessen) ich häufiger als du den Hunden entkomme. Der Verstand überragt die Schnelligkeit und die Körperkräfte." 2. Maiore … auctoritate dignus sum te. … quo saepius te canes vito.

44

(A) Alexander der Große soll einst an einer sehr schweren Krankheit gelitten haben. An seiner Rettung schienen bereits alle Ärzte zu verzweifeln, als Philippus, ein Arzt von großer Zuverlässigkeit, merkte, dass der König gerettet werden konnte. Im Vertrauen auf seine Kunst wählte er sorgfältig die Heilmittel aus, die dem König zur Heilung dienen sollten. Als aber Alexander einen Brief des Feldherrn Parmenion erhalten hatte, las er Folgendes: „König, traue nicht Philippus! Denn er wird dich mit Gift vernichten." Alexander aber, der Philippus allzu sehr schätzte, beachtete die Äußerung Parmenions nicht, im Gegenteil wurde Philippus vom König der Auftrag erteilt, diesen Brief zu lesen. Und während der Arzt den Brief las, nahm Alexander den Becher und bewies (hielt), wie überliefert wird, dem Freund die Treue durch Trinken des Heilmittels.
(B) 1. quae regi saluti essent: final | qui Philippum nimium diligeret: kausal 2. morbo gravissimo: Abl. causae – cuius: Gen. possessivus – magnae fidei: Gen. qualitatis – remedia: Akkusativobjekt – regi: Dat. commodi – saluti: Dat. finalis – veneno: Abl. instrumentalis – amico: Dativobjekt 3. Wahre Freundschaft beruht auf Vertrauen 4. prodere, vultus, poculum, iactare, manus, mos

45

Darauf (auf dieses) antwortete Ariovist: Es sei Kriegsrecht, dass diejenigen, die gesiegt hätten, denen, die sie besiegt hätten, befehlen würden, wie sie wollten; ebenso sei das römische Volk gewohnt, den Besiegten nicht auf Anweisung eines anderen, sondern nach eigenem Gutdünken zu befehlen. Wenn er selbst (Ariovist) dem römischen Volk keine Vorschriften machte, wie es von seinem Recht Gebrauch zu machen habe, so gehöre es sich nicht, dass er (Ariovist) vom römischen Volk in seinem Recht behindert werde. Die Häduer seien ihm (Ariovist) gegenüber tributpflichtig geworden, da sie ja das Kriegsglück versucht hätten und mit Waffen besiegt worden seien. Cäsar, der durch seine Ankunft die Abgaben wegnähme, tue großes Unrecht. Die Häduer würden ihm jährlich einen Tribut geben; wenn Cäsar (es) wolle, solle er angreifen; er werde erfahren, was die immer siegreichen Germanen an Tapferkeit vermochten.